「今日のごはん、何にしよう」…
献立を考えるのは、楽しい反面、毎日のことだけに、時にはおっくうになることも。

献立を考えたくない、何品も作りたくない、
そんなときには、丼&麺に頼りましょう。

ひと品で主食と主菜を兼ねられるので、
献立を考える手間、料理を作る手間、片付けの手間、すべて省けて、大助かりです。

唯一の弱点は、栄養が不足したり、偏ったりしがちなこと。
余裕があれば、かんたんな副菜や汁物を1〜2品添
ほんのちょっと補うだけで、見た目も栄養バランスも、ぐっとよくなります。

昼ごはんにも、夜ごはんにも、大活躍の丼&麺を、
ぜひ毎日のごはん作りの相棒にしてください。

もくじ CONTENTS

004　この本の表記について

丼 DON

フライパン・鍋ひとつでできる
006　チキンソテーのラタトゥイユ丼
008　豚肉とザーサイの辛味丼
010　夏野菜のビビンバ丼
012　タイ風バジル炒め丼
014　とうふのあんかけ豚丼
015　チリコンカン丼
016　たっぷりきのこのしょうがあんかけ丼
017　天津丼
018　とりそぼろの親子丼
019　かきの照り焼き丼
020　カレー牛丼
021　ゴーヤのみそ豚丼
022　さばのバターしょうゆ丼
023　あじのスパイシー照り焼き丼
024　かじきのステーキ丼
025　カルボナーラ丼

調味料はこれにおまかせ
026　なすとまぐろのぽん酢丼
028　豚キムチ丼
029　たこ焼き風丼
030　カマンベールと生ハムの丼
031　えびと春雨のエスニック丼

火を使わない
032　あじのなめろう丼
034　アボカドめんたいとろろ丼
035　さっぱり梅しそ冷奴丼
036　焼き豚のっけしょうが丼
037　ねばねば納豆サラダ丼

電子レンジで作れる
038　さけのちゃんちゃん焼き風丼
040　えびの甘酢あんかけ丼
041　蒸しどりの香味だれ丼
042　ドライカレー丼
043　マーボーなめこ丼

ひとり丼
044　トマト丼／とりささみのお茶漬け
045　揚げだま丼／冷やしうなぎ茶漬け
046　ピザ風丼／じゃこ丼
047　豚のみそバター丼／焼きしめさば丼
048　コンビーフ丼／ほたてと小松菜のあんかけ丼
049　深川丼／目玉焼き丼

050　〈コラム〉丼あれこれ

麺 MEN

うどん
052　サラダうどん
054　みそ煮こみうどん
055　ごまだれうどん
056　きつねうどん・たぬきうどん
057　スパム入り焼きうどん
058　プデチゲ風うどん
059　あさりとわかめのぶっかけうどん
060　さば缶の冷やしおろしうどん
061　ルッコラとめんたいこの冷やしうどん
062　もやしのフォー風うどん
063　あんかけ卵うどん

パスタ
- 064　トマトとパセリのスパゲティ
- 066　たけのことたらこのクリームパスタ
- 068　マルゲリータ風スパゲティ
- 069　デミートソーススパゲティ
- 070　水菜とベーコンのペペロンチーノ
- 071　大豆もやしとじゃこのスパゲティ
- 072　さけときのこのスパゲティ
- 073　たっぷりねぎと焼き豚のスープスパゲティ

そうめん
- 074　冷麺風そうめん
- 076　うなぎとゴーヤのそうめん
- 077　レタスにゅうめん
- 078　トマトそうめん
- 079　シャッキリもやしのそうめんチャンプルー
- 080　冷汁そうめん
- 081　だいこんの梅そうめん

焼きそば
- 082　マーボートマトの焼きそば
- 084　野菜のあんかけ焼きそば
- 085　エスニック焼きそば
- 086　油そば
- 087　豚つけめん

ひとり麺
- 088　レンジDE卵うどん／豆乳うどん
- 089　ねぎと油揚げのうどん／シンプルカレーうどん
- 090　スープスパゲティ／納豆おろしパスタ
- 091　コーンクリームパスタ／さけフレークのパスタ

- 092　インスタントラーメン＋αアレンジ

- 094　〈コラム〉麺をおいしく食べる

献立 KONDATE

丼・麺のときの献立
- 096　カレー牛丼＋ひじきのわさび酢あえ
　　　　＋レタスのみそ汁
- 098　カルボナーラ丼＋にんじんのにんにく炒め
　　　　＋キャベツとコーンのスープ
- 100　デミートソーススパゲティ＋大豆とアボカドのマヨあえ
　　　　＋トマトのスープ
- 102　シャッキリもやしのそうめんチャンプルー＋トマトのあえもの
　　　　＋にらのスープ

丼・麺に合わせたい副菜とスープ
- 104　わかめとしょうがのあえもの／つきこんのきんぴら
- 105　ブロッコリーのからしあえ／れんこんピクルス
- 106　ほうれんそうのとろろこんぶあえ／もずくと長いものあえもの
- 107　かいわれとじゃこのごま油あえ／キャベツとみょうがの浅漬け

- 108　とうふとにんにくのスープ／かぶのミルクスープ
- 109　焼きねぎのスープ／じゃがいもの豆乳ポタージュ
- 110　だいこんおろしのスープ／ハムとセロリのスープ
- 111　たまねぎとからしのみそ汁／小松菜とチーズのみそ汁

この本の表記について

● 計量器の単位
カップ1＝200㎖　大さじ1＝15㎖　小さじ1＝5㎖　㎖＝cc

● 電子レンジ
加熱時間は500Wのめやす時間です。600Wなら加熱時間を0.8倍にしてください。

● フライパン
フッ素樹脂加工のフライパンを使います。鉄製のフライパンなら、使う油の量を必要に応じて約2倍に。

● だし
けずりかつお（かつおぶし）でとっただしを使います。
市販のだしの素は表示どおり使い、塩分は控えめにします。
めんつゆは3倍濃縮のものを使っています。

● スープの素
「スープの素」（顆粒または粉状）を使います。
「固形スープの素」も、けずれば顆粒と同様に使えます。ビーフやチキンなど、味は好みで。
「中華スープの素」は「チキンスープの素」で代用できますが、はじめは量を控えめにし、味をみて調整します。

● ごはんの分量
ボリュームのある丼については1人分200g、それ以外は150gにしています。
なお、ごはんのエネルギー量は、200g＝336kcal、150g＝252kcalです。
あくまでめやすですので、好みで加減してください。

ボリュームたっぷりで、大満足

丼

パパッと作って、ササッと食べられ、しかもおいしい … と、
三拍子そろった丼は、毎日のごはん作りの強い味方。
ひとつの調味料だけで味つけしたり、電子レンジを活用したりと、
時にはちょっと"手抜き"もして、日々の献立に上手にとり入れましょう。
この本で丼料理のレパートリーを広げてください。

006　**フライパン・鍋ひとつでできる**
　　　… フライパン、または鍋がひとつあれば作れる丼。

026　**調味料はこれにおまかせ**
　　　… ぽん酢しょうゆ、市販のドレッシングなどを活用したレシピ。複数の調味料を用意する手間がありません。

032　**火を使わない**
　　　… 火(コンロ)を使わずに作れる丼。

038　**電子レンジで作れる**
　　　… 電子レンジだけで作れる丼。

044　**ひとり丼**
　　　… 1人分で作る、かんたんな丼。

〈フライパン・鍋ひとつでできる〉

DON 01
チキンソテーのラタトゥイユ丼

ジューシーに焼いたとり肉に、野菜たっぷりのラタトゥイユを合わせます。
ラタトゥイユの野菜は小さめに切って、煮る時間を短縮！

材料（2人分）

<チキンソテー>
とりもも肉 … 1枚（250g）
A ┌ 塩 … 小さじ¼
　└ こしょう … 少々
オリーブ油 … 大さじ½

<ラタトゥイユ>
たまねぎ … ½個（100g）
なす … 1個（70g）
パプリカ（赤）… ¼個（40g）
にんにく … 小1片（5g）
B ┌ トマト水煮缶詰（カット）… ½缶（200g）
　└ スープの素 … 小さじ½
オリーブ油 … 大さじ½

<バターライス>
温かいごはん … 400g
C ┌ バター … 10g
　│ 塩 … 少々
　└ パセリ（みじん切り）… 1枝

作り方（調理時間 25分／1人分 741 kcal）

1. とり肉はひと口大に切り、Aをふって10分ほどおく。
2. にんにくは薄切りにする。ラタトゥイユの野菜は1cm角に切る。
3. フライパンにオリーブ油大さじ½を温め、にんにくとたまねぎを中火で炒める。たまねぎが透き通ってきたら、なすとパプリカを加え、さっと炒めて、Bを加える。ふたをして、時々混ぜながら7〜8分煮る。塩・こしょう各少々（材料外）で味をととのえ、とり出す。
4. フライパンをさっと洗い、オリーブ油大さじ½を温め、肉を皮側から中火で焼く。焼き色がついたら裏返し、ふたをして弱火で3〜4分焼く。
5. 温かいごはんにCを加えて混ぜ、バターライスを作る。器に盛り、チキンソテーとラタトゥイユをのせる。

〈フライパン・鍋 ひとつでできる〉

〈フライパン・鍋ひとつでできる〉

DON 02
豚肉とザーサイの辛味丼

ザーサイの塩気と、とうがらしのピリ辛が、食欲をそそります。
夏場なら仕上げの酢を少し増やして、さらにさっぱり味にしても

材料（2人分）

豚肩ロース肉（薄切り）… 150g
A ┌ 砂糖 … 大さじ1強
　│ しょうゆ … 大さじ1
　│ 酒 … 大さじ1
　│ ごま油 … 大さじ½
　└ 赤とうがらし（小口切り）… 1本
かたくり粉 … 大さじ½
えのきだけ … ½パック（50g）
ザーサイ … 20g
ねぎ … 10cm
しょうが … 小1かけ（5g）
サラダ油 … 大さじ½
B ┌ 水 … 100mℓ
　└ スープの素・しょうゆ … 各小さじ½
酢 … 大さじ1
レタス … 適量

温かいごはん … 400g

作り方（調理時間20分／1人分642kcal）

1. 豚肉は5〜6cm長さに切る。
2. ボールにAを合わせ、肉を加えてもみこむ。かたくり粉を加えてさらにもみこみ、10分ほどおく。
3. えのきは根元を落とし、長さを半分に切ってほぐす。ザーサイは細切りにし、さっと洗う。ねぎは斜め薄切りにする。しょうがは皮をこそげて、せん切りにする。
4. レタスはひと口大にちぎる。
5. フライパンに油を温め、肉を入れて中火で炒める。肉の色が変わったら、ねぎ、しょうが、Bを加える。混ぜながら1〜2分煮る。えのきとザーサイを加え、えのきがしんなりしたら、酢を加えて火を止める。
6. 器にレタスを敷き、ごはんを盛って、⑤をかける。

〈フライパン・鍋ひとつでできる〉

〈フライパン・鍋ひとつでできる〉

DON 03
夏野菜のビビンバ丼

おなじみのビビンバも、夏野菜で作るとちょっと新鮮。
ナムルにするとかさが減り、野菜がたっぷり食べられます

ごはんの白い部分がなくなるくらい
よく混ぜて食べるとおいしい

材料（2人分）

<焼き肉>
牛もも肉（薄切り）… 150g
A ┌ 砂糖 … 大さじ½
　├ しょうゆ … 大さじ1½
　├ にんにく（すりおろす）… 少々
　└ ごま油 … 大さじ½
サラダ油 … 大さじ½

<ナムル>
なす … 1個（70g）
ズッキーニ … ½本（70g）
　塩 … 小さじ¼
B ┌ ごま油 … 大さじ1
　└ いりごま（白）… 小さじ1

はくさいキムチ（ひと口大に切る）… 100g

温かいごはん … 400g

作り方（調理時間 15分／1人分 672 kcal）

1. 牛肉は細切りにし、ボールに入れる。Aを加えて、よくもみこむ。
2. なすとズッキーニは縦半分に切り、薄い半月切りにする。合わせて塩をふって10分ほどおき、水気をしぼる。ボールに入れ、Bを加えて、よく混ぜる。
3. フライパンにサラダ油を温め、肉をつけ汁ごと入れて、色が変わるまで中火で炒める。
4. 器にごはんを盛る。焼き肉、ナムル、キムチをのせる。全体をよく混ぜて食べる。

〈フライパン・鍋ひとつでできる〉

〈フライパン・鍋ひとつでできる〉

DON 04
タイ風バジル炒め丼

ナンプラーの風味とバジルの香りが絶妙にマッチします。
半熟目玉焼きをからめながら食べると美味

材料（2人分）

とりもも肉 … 100g
たまねぎ … ¼個（50g）
パプリカ（赤）… ½個（70g）
しめじ … ½パック（50g）
バジルの葉 … 5〜6枚
A ┌ 赤とうがらし（小口切り）… 1本
  │ にんにく（すりおろす）… 1片（10g）
  │ しょうが（すりおろす）… 1かけ（10g）
  │ 砂糖 … 小さじ1
  │ ナンプラー … 大さじ1
  └ 水 … 100ml
サラダ油 … 大さじ½

卵 … 2個
サラダ油 … 大さじ½

温かいごはん … 400g

作り方（調理時間 20分／1人分 614kcal）

1. たまねぎ、パプリカは2cm角に切る。しめじは根元を落とし、小房に分ける。とり肉は1〜2cm角に切る。Aは合わせる。
2. フライパンに油大さじ½を温める。卵を割り入れ、半熟の目玉焼きを作って、とり出す。
3. ②のフライパンに油大さじ½を温め、たまねぎ、パプリカ、しめじ、とり肉を入れて、肉に火が通るまで炒める。
4. Aを加えて、汁気がほぼなくなるまで、混ぜながら煮る。火を止め、バジル（飾り用に少々とりおく）をちぎりながら加えて混ぜる。
5. 器にごはんを盛り、④と目玉焼きをのせる。飾り用のバジルをのせる。

〈フライパン・鍋ひとつでできる〉

DON **05**

とうふのあんかけ豚丼

お肉をガツンと食べたいときに。しょうがの風味がきいています。少々手間ですが、肉は別にして、カリッと焼くのがミソ

〈フライパン・鍋ひとつでできる〉

材料（2人分）

豚肩ロース肉（薄切り）… 150g
A ┌ しょうゆ … 大さじ1½
　├ みりん … 大さじ½
　├ 酒 … 大さじ½
　└ しょうが汁 … 小さじ½
だし … 100㎖
かたくり粉 … 大さじ1
とうふ（絹）… ½丁（150g）
ねぎ … ½本
しょうが … 1かけ（10g）
B ┌ かたくり粉 … 大さじ½
　└ 水 … 大さじ1
サラダ油 … 大さじ½

温かいごはん … 400g

作り方（調理時間 15分／1人分 651 kcal）

1. 豚肉は長さを2～3つに切る。Aを合わせ、そのうち大さじ1½を肉にまぶす。
2. 残りのAにだしを加えて混ぜる。
3. ねぎは斜め薄切りにする。しょうがは皮をこそげて、せん切りにする。とうふは食べやすい大きさに切る。Bは合わせる。
4. ①の肉にかたくり粉大さじ1をまぶす。フライパンに油を温め、肉を入れて両面を強めの中火で焼いてとり出す。
5. 続けて、フライパンに②、ねぎ、しょうが、とうふを入れて火にかける。とうふが温まったらBの水溶きかたくり粉を加え、混ぜながらとろみをつける。
6. 器にごはんを盛り、肉、⑤をのせる。

DON 06 チリコンカン丼

豆の嫌いな子どもでも、こんな洋風の味ならよろこんで食べます。チリパウダーは見た目ほど辛い香辛料ではありませんが、好みで加減してください

〈フライパン・鍋ひとつでできる〉

材料（2人分）

牛肉（切り落とし）* … 50g
ベーコン … 1枚（20g）
にんにく … 小1片（5g）
たまねぎ … 1/2個（100g）
さやいんげん … 4本
サラダ油 … 大さじ1

A
- キドニービーンズ**（水煮） … 小1缶（120g）
- トマト水煮缶詰（カット）… 1/2缶（200g）
- チリパウダー … 大さじ1
- ローリエ … 1枚
- 塩 … 小さじ1/3
- こしょう … 少々
- 水 … 150mℓ

温かいごはん … 300g

作り方（調理時間 15分／1人分 574 kcal）

1. にんにく、たまねぎは薄切りにする。牛肉は1〜2cm幅に切る。ベーコンは5mm角に切る。
2. 厚手の鍋に油を温め、にんにくとたまねぎを入れて、弱めの中火で炒める。たまねぎがしんなりしたら、肉とベーコンを加えて炒める。肉の色が変わったらAを加え、ふたをずらしてのせ、時々混ぜながら弱火で6〜7分煮る。
3. いんげんは筋があればとり、2cm長さに切る。②に加えて1〜2分煮る。
4. 器にごはんを盛り、③をかける。

* 牛ひき肉、合いびき肉でも。切らずに使える。
** きんとき豆、ひよこ豆、大豆などでも。

たっぷりきのこの しょうがあんかけ丼

ヘルシーな丼が食べたいときには、これ！
きのこのとろみとしょうがのパワーで、体が芯から温まります

〈フライパン・鍋ひとつでできる〉

DON 07

材料（2人分）

えのきだけ … 1パック（100g）
しめじ … 1/2パック（50g）
しいたけ … 4個
ボイルほたて（小さめのもの）* … 50g
しょうが … 1かけ（10g）
万能ねぎ … 1〜2本

<煮汁>
水 … 50ml
酒 … 大さじ2
みりん・しょうゆ … 各大さじ1

温かいごはん … 300g

作り方（調理時間 10分／1人分 322kcal）

1. えのきは根元を落とし、長さを半分に切ってほぐす。しめじは根元を落とし、小房に分ける。しいたけは石づきを除き、薄切りにする。
2. しょうがは皮をこそげて、すりおろす。万能ねぎは2cm長さの斜め切りにする。
3. 鍋に煮汁の材料を合わせ、①とほたてを加えて中火にかける。沸騰したら火を弱め、時々混ぜながら3〜4分煮る。火を止め、しょうが（飾り用に少々とりおく）を加えて混ぜる。
4. 器にごはんを盛り、③をかけて、万能ねぎを散らす。飾り用のしょうがをのせる。

*ほたて水煮缶詰や、ほたて貝柱（4つに切る）で代用しても。

DON 08 天津丼 (てんしんどん)

天津丼は意外と手間がかかるので、材料をなるべくシンプルにしました。かたくり粉はあらかじめあんに混ぜておくと、ダマになりにくい

〈フライパン・鍋ひとつでできる〉

材料（2人分）

- ねぎ … 10cm
- にんじん … 20g
- しいたけ … 1個
- ハム … 4枚（40g）
- ごま油 … 大さじ½
- 卵 … 2個
- サラダ油 … 大さじ2

〈あん〉
- 水 … 100㎖
- 酒 … 大さじ½
- 砂糖 … 小さじ½
- スープの素 … 小さじ¼
- かたくり粉・ごま油・しょうゆ … 各小さじ1

- 温かいごはん … 300g

作り方（調理時間 20分／1人分 558kcal）

1. ねぎは斜め薄切りにする。にんじんは細切りにする。しいたけは石づきを除き、薄切りにする。ハムは3cm長さのたんざく切りにする。
2. フライパンにごま油大さじ½を温める。①を入れて、ねぎがややしんなりするまで炒めて、火を止める。
3. ボールに卵を割りほぐし、②、塩・こしょう各少々（材料外）を加えて、混ぜる。
4. フライパンの汚れをふき、サラダ油を温める。中火にして③を流し入れ、全体を大きく混ぜる。焼き色がついたら裏返し、裏面も焼く。火を止め、フライ返しなどで2等分に切る。
5. ごはんを器に盛り、④をのせる。
6. フライパンの汚れをふき、あんの材料を入れて火にかけ、混ぜながらとろみをつける。⑤にかける。

※ 直径15cm程度の小さめのフライパンで、1人分ずつ焼いてもよい。

DON 09

とりそぼろの親子丼

ひき肉なら、「肉を切る手間がない」「短時間で火が通る」と、いいことずくめ。だから、ふつうの親子丼より、さらにかんたんに作れます

〈フライパン・鍋ひとつでできる〉

材料（2人分）

とりひき肉 … 100g
A ┌ 砂糖 … 大さじ1
　│ 酒 … 大さじ1
　└ しょうゆ … 大さじ1
ねぎ … 1本
水 … 80㎖
卵 … 2個
きざみのり … 少々

温かいごはん … 300g

作り方（調理時間 7 分／1人分 445 kcal）

1. ねぎは斜め薄切りにする。卵は割りほぐす。
2. 鍋にひき肉とAを入れ、菜箸でひき肉をほぐすように混ぜる。中火にかけ、混ぜながら汁気がなくなるまで煮る。
3. ②にねぎと分量の水を加え、ねぎがしんなりしたら卵を回し入れる。ふたをして火を止め、1分ほどむらす（好みによって、むらし時間を変えても。やわらかめが好みなら約30秒、しっかり火を通したいときは1～2分）。
4. 器にごはんを盛り、③をのせて、のりを散らす。

DON 10 かきの照り焼き丼

かきというとフライや鍋が定番ですが、照り焼きもおすすめ。かたくり粉をまぶして焼くと、味がよくからみ、身縮みも防げます

〈フライパン・鍋ひとつでできる〉

材料（2人分）

- かき（むき身・加熱用）… 200g
- かたくり粉 … 大さじ1½
- A
  - 砂糖 … 大さじ½
  - 酒 … 大さじ2
  - しょうゆ … 大さじ½
  - オイスターソース … 小さじ1
- チンゲンサイ … 1株（120g）
- エリンギ … ½パック（50g）
- 塩・こしょう … 各少々
- サラダ油 … 小さじ2
- 温かいごはん … 400g

作り方（調理時間 15分／1人分 485 kcal）

1. かきは塩水（水200mℓに塩小さじ1の割合・材料外）で洗い、真水ですすいで、ざるにとる。Aは合わせる。
2. チンゲンサイとエリンギは、食べやすい大きさに切る。
3. フライパンに油小さじ1を温め、②の野菜を加えてさっと炒める。塩、こしょうをふって、とり出す。
4. かきの水気をふき、かたくり粉をまぶす。あいたフライパンに油小さじ1を温め、中火でかきの両面を1～2分ずつ焼く。Aを加え、全体にからめながら、少し煮つめる。
5. 器にごはんを盛り、野菜とかきをのせる。

カレー牛丼

たった小さじ1杯のカレー粉で、いつもの牛丼が大変身。好みで最後に卵でとじてもよいでしょう

〈フライパン・鍋ひとつでできる〉

材料（2人分）

- 牛肉（切り落とし）… 100g
- たまねぎ … 1/2個（100g）
- A
  - だし … 70㎖
  - 酒 … 大さじ2
  - みりん … 大さじ2
  - しょうゆ … 大さじ1 1/2
  - カレー粉 … 小さじ1
- 紅しょうが … 少々
- 温かいごはん … 300g

作り方（調理時間 10分／1人分 548kcal）

1. たまねぎは薄切りにする。牛肉はひと口大に切る。
2. 鍋にAとたまねぎを入れて火にかけ、沸騰後2～3分煮る。牛肉を加え、肉の色が変わったら火を止める。
3. 器にごはんを盛り、②と紅しょうがをのせる。

DON 12 ゴーヤのみそ豚丼

肉の脂、香味野菜、みその風味でゴーヤのにが味はやわらぐので、塩でもんだり、下ゆでをする必要はありません

〈フライパン・鍋ひとつでできる〉

材料（2人分）

- ゴーヤ … ½本（120g）
- 豚ばら肉（薄切り）… 150g
  - 塩・こしょう … 各少々
- にんにく … 小1片（5g）
- しょうが … 小1かけ（5g）
- A ┌ 砂糖 … 大さじ½
  │ みそ・酒 … 各大さじ1
  └ 水 … 50㎖
- ごま油 … 小さじ1

- 温かいごはん … 300g
- いりごま（白）… 小さじ½

作り方（調理時間 15分／1人分 600kcal）

1. ゴーヤは縦半分に切って、種とわたを除いて、2㎜厚さに切る。にんにく、しょうがは薄切りにする。
2. 豚肉は3㎝長さに切り、塩、こしょうをふる。Aは合わせる。
3. フライパンにごま油を温め、にんにくとしょうがを入れて弱火で炒める。香りが出てきたら豚肉を加え、中火で炒める。焼き色がついたら、ゴーヤを加えて炒める。ゴーヤが少ししんなりしたらAを加え、汁気がなくなるまで炒め煮にする。
4. 器にごはんを盛る。③をのせ、ごまをふる。

さばのバターしょうゆ丼

バターしょうゆのこってり味が、さばのくせをやわらげます。魚をなかなか食べてくれない子どもにもおすすめ

〈フライパン・鍋 ひとつでできる〉

DON 13

材料 (2人分)

さば (半身) … 1枚 (約180g)
A ┌ 塩 … 小さじ1/6
　├ こしょう … 少々
　└ 酒 … 大さじ1/2
小麦粉 … 大さじ1/2
B ┌ 酒 … 大さじ2
　├ しょうゆ … 大さじ1
　└ バター … 10g
サラダ油 … 大さじ1/2
水菜 … 50g
たまねぎ … 30g
温かいごはん … 300g

作り方 (調理時間 15分／1人分 521kcal)

1. さばは腹骨がついていたら、包丁でそぎとる。小骨を抜き、3cm幅のそぎ切りにする。Aをふって、5分ほどおく。
2. 水菜は4cm長さに切る。たまねぎは薄切りにする。合わせて水に放してパリッとさせ、水気をきる。
3. さばの汁気をふき、小麦粉を薄くまぶす。フライパンに油を温め、さばを入れて中火で2〜3分焼く。裏返し、さらに1〜2分焼いて、とり出す。
4. フライパンの汚れをふく。Bを入れて中火にかけ、煮立ったらさばを戻し入れて、からめる。
5. 器にごはんを盛り、②の野菜とさばをのせて、フライパンに残った汁をかける。

DON 14

あじのスパイシー照り焼き丼

カレー粉とウスターソースを合わせるだけで、驚くほど奥深い味わいに。スパイシーな香りが食欲を刺激します

〈フライパン・鍋ひとつでできる〉

材料（2人分）

- あじ（三枚におろしたもの）… 2尾分（160g）
  - 塩 … 小さじ⅛
- かたくり粉 … 大さじ1
- サラダ油 … 大さじ1½
- A ┌ 酒 … 大さじ2
  │ ウスターソース … 大さじ1
  └ カレー粉 … 小さじ½
- れんこん … 80g
- 万能ねぎ … 1束（100g）
  - 塩 … 小さじ⅛
- 温かいごはん … 300g
- いりごま（白）… 小さじ1

作り方（調理時間 15分／1人分 512 kcal）

1. あじは小骨を抜く。ざるに並べ、塩小さじ⅛をふって、5分ほどおく。
2. れんこんは3mm幅の輪切りにする。万能ねぎは4〜5cm長さに切る。
3. フライパンに油大さじ½を温め、れんこんを入れて1〜2分焼く。れんこんを片側に寄せ、あいたところに万能ねぎを加えてさっと炒める。全体に塩小さじ⅛をふってとり出す。
4. あじの水気をふき、かたくり粉をまぶす。③のフライパンに油大さじ1を温め、あじを入れて中火で2〜3分焼く。裏返し、さらに1〜2分焼いて、とり出す。
5. フライパンの汚れをふく。Aを入れて火にかけ、煮立ったらあじを戻し入れて、からめる。
6. 器にごはんを盛り、③の野菜と⑤をのせて、あじにごまをふる。

かじきのステーキ丼

パサつきがちなかじきが、マヨネーズのコクでおいしくなります。シャキシャキのきゅうりと、しその香りでさわやかに

〈フライパン・鍋ひとつでできる〉

DON 15

材料（2人分）

かじき … 2切れ（200g）
　塩・こしょう … 各少々
サラダ油 … 大さじ1
A ┌ マヨネーズ … 大さじ1
　├ しょうゆ … 大さじ1
　└ 水 … 50㎖

きゅうり … 1本
しその葉 … 10枚

温かいごはん … 300g

作り方（調理時間 15分／1人分 509kcal）

1. かじきは1切れを4～5つにそぎ切りにし、塩、こしょうをふる。
2. きゅうりは3～4㎜厚さの斜め薄切りにし、細切りにする。しそはせん切りにし、水にさらして、水気をきる。Aは合わせる。
3. フライパンに油を温め、かじきを入れて中火で2～3分焼く。裏返し、さらに1～2分焼く。Aを加え、かじきにからめながら照りよく焼く。
4. 器にごはんを盛り、きゅうりとしそを混ぜてのせ、さらにかじきをのせる。

カルボナーラ丼 DON 16

パスタに合うものは、ごはんにのせてもおいしいもの。「少し早すぎるかな」というところで火を止めるのが、ソースを上手に仕上げるコツ。

〈フライパン・鍋 ひとつでできる〉

材料（2人分）

- ベーコン（厚切り）… 50g
- たまねぎ … ¼個（50g）
- にんにく … 1片（10g）
- 卵 … 2個
- A
  - 生クリーム … 50㎖
  - ピザ用チーズ … 30g
  - 塩 … 小さじ⅛
  - こしょう … 少々
- オリーブ油 … 大さじ½
- 黒こしょう … 少々
- ルッコラ … 適量
- 温かいごはん … 300g

作り方（調理時間 15分／1人分 642kcal）

1. たまねぎは薄切りにする。にんにくはみじん切りにする。ベーコンは、7〜8㎜角、2〜3㎝長さの棒状に切る。
2. 卵は割りほぐし、Aを加えて混ぜる。
3. フライパンにオリーブ油とにんにくを入れ、弱火で炒める。香りが出てきたら、ベーコンとたまねぎを加え、ベーコンの脂が出てカリッとするまで中火で炒める。
4. ③に②を加え、卵が半熟状になるまで、木べらなどで大きく混ぜながら加熱する。
5. 器にごはんを盛り、④をのせる。黒こしょうをふり、ルッコラをちぎってのせる。

〈調味料はこれにおまかせ〉

DON 17
なすとまぐろのぽん酢丼

味つけはぽん酢におまかせ！ 中まで味がしみたなすが絶品です。
まぐろは中まで火を通さず、ややレアに仕上げるのがポイント

〈調味料はこれにおまかせ〉

材料（2人分）

まぐろ（刺身用さく）… 100g
なす … 2個（140g）
ししとうがらし … 4本
A ┌ にんにく（すりおろす）… 少々
　└ ぽん酢しょうゆ … 50㎖
サラダ油 … 大さじ3

温かいごはん … 300g

作り方（調理時間 15 分／1人分 516 kcal）

1. なすは1cm厚さの輪切りにする。ししとうは軸の先を切り落とす。
2. フライパンに油を温め、まぐろの表面を中火でさっと焼いてとり出す。続けて、なすを入れて両面を焼き、しんなりしたらとり出す。次に、ししとうを入れてさっと炒める。まぐろはひと口大に切る。
3. ボールにAを合わせ、②を加えて、ひと混ぜする（30分ほどおくと、より味がしみておいしい）。
4. 器にごはんを盛り、③を汁ごとのせる。

豚キムチ丼

味つけはキムチにおまかせ！ 肉の下味もキムチでつけて、汁ごとフライパンに加えて炒めるからラク！

〈調味料はこれにおまかせ〉

DON 18

材料（2人分）

- 豚ばら肉（薄切り）… 160g
- はくさいキムチ … 160g
- にら … 1束（100g）
- サラダ油 … 大さじ1
- 温かいごはん … 300g

作り方（調理時間 7分／1人分 668kcal）

1. にらは5cm長さに切る。キムチはひと口大に切る。豚肉は2〜3cm長さに切る。
2. 肉をボールに入れ、キムチを加えて、よくもみこむ（右写真）。
3. フライパンに油を温め、②を入れて中火で炒める。肉の色が変わったら、にらを加えて、さっと炒める。
4. 器にごはんを盛り、③をのせる。

DON 19 たこ焼き風丼

味つけはソースにおまかせ！　紅しょうがも入れて屋台の味に。
たこ焼き生地は卵で代用するので、割りほぐして、焼くだけで完成です

〈調味料はこれにおまかせ〉

材料（2人分）

ゆでだこ … 50g
万能ねぎ … 2〜3本
紅しょうが … 15g
卵 … 2個
サラダ油 … 小さじ1

温かいごはん … 300g

中濃ソース … 適量
マヨネーズ … 適量

作り方（調理時間 10 分／1人分 425 kcal）

1. 万能ねぎは小口切りにする。紅しょうがは長ければ切る。たこは薄切りにする。
2. 卵を割りほぐし、万能ねぎ、紅しょうが、たこを加えて混ぜる。
3. 器にごはんを盛る。
4. 直径15cm程度の小さめのフライパン*に油小さじ1/2を温め、半量の②を流し入れて、中火で焼く。表面が半熟状になったら（裏返さなくてもよい）、③にのせる。残りも同様に作る。ソースとマヨネーズをかける。

* 小さめのフライパンがなければ、大きなフライパンで2人分を一度に焼いてもよい。焼きあがったら、フライ返しなどで器に入る大きさに切って盛る。

DON **20**

カマンベールと生ハムの丼

味つけはドレッシングにおまかせ！シンプルなフレンチドレッシングが合います。ライスサラダ感覚で食べる、さっぱり丼

〈調味料はこれにおまかせ〉

材料（2人分）

カマンベールチーズ … 50g
たまねぎ … 20g
生ハム … 4枚（約30g）
ベビーリーフ … 10g
黒こしょう … 少々

┌ 温かいごはん … 300g
└ フレンチドレッシング（市販）… 大さじ3

作り方（調理時間 5 分（ごはんをさます時間は除く）／1人分 463 kcal）

1. ごはんにドレッシングを混ぜ、さます。
2. チーズは食べやすい大きさにちぎる。たまねぎは薄切りにする。
3. 生ハムは食べやすい大きさに切る。
4. 器に①のごはんを盛り、チーズ、たまねぎ、生ハム、ベビーリーフをのせて、黒こしょうをふる。

DON 21 えびと春雨のエスニック丼

味つけはスイートチリソースにおまかせ！春雨のかさで見た目のボリュームはありますが、カロリーは控えめです

〈調味料はこれにおまかせ〉

材料（2人分）

- むきえび … 80g
- 春雨 … 20g
- もやし … 50g
- 香菜（シャンツァイ）… 適量
- スイートチリソース* … 大さじ1½
- サラダ油 … 小さじ1
- 温かいごはん … 300g
- レモン … ¼個（半分に切る）

*商品によっては、甘味が強すぎるものもある。その場合はしょうゆ少々を加えると、味がしまる。

作り方（調理時間 15分／1人分 376 kcal）

1. えびは背わたをとり、大きければ半分に切る。
2. 春雨は熱湯に5分ほどつけてもどし、5〜6cm長さに切る。
3. もやしはできればひげ根をとる。香菜は2cm長さに切り、葉と茎を分ける。
4. フライパンに油を温め、えびを中火で炒める。えびに火が通ったら、春雨、もやし、香菜の茎を加えてさっと炒める。スイートチリソースを加え、全体にからめる。
5. 器にごはんを盛り、④をのせて、香菜の葉とレモンを添える。レモンをしぼって食べる。

〈火を使わない〉

DON 22
あじのなめろう丼

「なめろう」の由来は「皿をなめるほどおいしい」ことから。
ごはんにのせてだしをかけて食べると、これまた絶品です

材料（2人分）
あじ（三枚におろしたもの）… 2尾分（160g）
みそ … 大さじ½
A ┌ しその葉（粗みじん切り）… 3枚
　│ しょうが（みじん切り）… 1かけ（10g）
　└ 万能ねぎ（小口切り）… 2本

温かいごはん … 300g
焼きのり … 1枚

＜だし＞
湯 … 200㎖
こぶ茶 … 小さじ½
しょうゆ … 少々

＜飾り用＞
しその葉 … 2枚
B ┌ みょうが（小口切り）… 1個
　└ 万能ねぎ（小口切り）… 1本

作り方（調理時間 15 分（だしを冷やす時間は除く）／1人分 371 kcal）

1. だしの材料は合わせる。さめたら、冷蔵庫で冷やす。
2. あじは小骨を抜き、皮をむく。細切りにし、さらに包丁で細かくたたく。みそを加えて包丁の腹で練るように混ぜ、Aを加えてさらに混ぜる。
3. 器にごはんを盛り、のりをちぎって散らす。飾り用のしそを敷き、②をのせて、Bを散らす。始めはそのまま食べ、好みでだしをかけて食べる。

〈火を使わない〉

アボカドめんたいとろろ丼

DON 23

長いもは粗めにつぶし、シャキシャキ、トロトロ、両方の食感を楽しみます。好みで仕上げにしょうゆを少々たらしてもおいしい

〈火を使わない〉

材料（2人分）

アボカド … ½個（100g）
　レモン汁 … 大さじ1
めんたいこ … ½腹（40g）
長いも … 200g
マヨネーズ … 小さじ1
温かいごはん … 300g
ポリ袋 … 1袋

作り方（調理時間 10分／1人分 417 kcal）

1. アボカドは種をとって皮をむく。6〜7mm幅に切り、レモン汁をまぶす。
2. 長いもは皮をむき、ポリ袋に入れて、粒が少し残る程度にめん棒などでたたく（右写真）。
3. 半量のめんたいこは、薄皮をつけたまま1〜2cm幅に切る。
4. 残りのめんたいこは薄皮から中身を出し、②のポリ袋に加えて混ぜる。
5. 器にごはんを盛り、ポリ袋の先を切って、中身をしぼり出す。アボカドと③をのせて、マヨネーズをかける。

don 24

さっぱり梅しそ冷奴丼

しそ、梅干し、ごま…いろいろな薬味を合わせることで、淡泊なとうふも、最後までおいしく食べられます

〈火を使わない〉

材料（2人分）

とうふ（絹）… 1丁（300g）
しらす干し … 20g
しその葉 … 6枚
梅干し … 2個（30g）
しょうゆ … 適量

┌ 温かいごはん … 300g
└ いりごま（白）… 大さじ1

作り方 （調理時間 7分／1人分 381 kcal）

1. とうふは縦半分に切り、1〜1.5cm幅に切る。しらすはざるに入れ、熱湯を回しかける。
2. しそはせん切りにし、水にさらして、水気をきる。梅干しは種を除き、果肉を包丁でたたく。
3. ごはんにごまを加えて混ぜ、器に盛る。①、②をのせ、しょうゆをかけて食べる。

焼き豚のっけしょうが丼

DON 25

市販の焼き豚を、ごはんにのせるだけ。
甘酢しょうがを汁ごとごはんに混ぜて、酸味をきかせるのがポイントです

〈火を使わない〉

材料（2人分）

焼き豚（市販品・かたまり）… 150g
焼き豚のたれ*… 大さじ1
パプリカ（黄）… 1/3個（50g）
万能ねぎ … 1〜2本

＜しょうがごはん＞
温かいごはん … 300g
甘酢しょうが … 30g
甘酢しょうがの漬け汁 … 大さじ1

*添付のたれがないときは、＜しょうゆ小さじ2、砂糖・みりん各小さじ1＞を小鍋に合わせ、ひと煮立ちさせる。または耐熱容器に合わせてラップをし、電子レンジで約30秒（500W）加熱しても。

作り方（調理時間 7分／1人分 422 kcal）

1. 甘酢しょうがは細切りにする。甘酢しょうがの漬け汁とともに、ごはんに加えて混ぜる。
2. パプリカは7〜8mm角に切る。万能ねぎは小口切りにする。焼き豚は3〜4mm厚さに切る。
3. 器に①のしょうがごはんを盛る。焼き豚をのせ、パプリカと万能ねぎを散らして、焼き豚のたれをかける。

ねばねば納豆サラダ丼

DON 26

ひと品でいろいろな栄養素がバランスよくとれるので、「今日はおかずをたくさん作りたくないなあ」という日におすすめ

〈火を使わない〉

材料（2人分）

納豆 … 2パック（100g）
オクラ … 5本
ミニトマト … 6個
コーン缶詰（ホール）… 60g
グリーンリーフ（レタスでも）… 適量

〈ドレッシング〉
砂糖 … 少々
粒マスタード … 小さじ1
酢 … 小さじ2
しょうゆ … 大さじ½
サラダ油 … 大さじ½

温かいごはん … 300g

作り方（調理時間 7 分／1人分 437 kcal）

1. オクラは塩少々（材料外）をつけてこすり、水で洗う。ざるに入れ、熱湯を回しかけて、さます。小口切りにする。
2. ミニトマトは4つに切る。グリーンリーフはひと口大にちぎる。
3. ドレッシングの材料を合わせ、よく混ぜる。
4. 器にごはんを盛り、グリーンリーフを敷いて、納豆、コーン、オクラ、ミニトマトをのせる。ドレッシングをかけ、よく混ぜて食べる。

〈電子レンジで作れる〉

038

DON 27
さけのちゃんちゃん焼き風丼

北海道名物の漁師料理を丼に。
甘辛いみそだれとバターが、さけと野菜にからんでおいしい

材料（2人分）

生さけ … 2切れ（200g）
A ┌ みそ … 大さじ1½
　└ みりん … 大さじ1½
キャベツ … 2枚（100g）
ピーマン … 1個
もやし … ½袋（100g）
　　塩・こしょう … 各少々
バター … 10g

温かいごはん … 300g

作り方（調理時間 15分／1人分 490kcal）

1. キャベツ、ピーマンは細切りにする。もやしはできればひげ根をとる。合わせて耐熱皿に入れ、塩、こしょうをふる。
2. さけは1切れを3～4つのそぎ切りにする。Aは合わせる。
3. ①の野菜の上にさけをのせる。さけの上にAを塗る。バターをちぎってのせてラップをし、電子レンジで約4分（500W）加熱する。
4. 器にごはんを盛り、③をのせる。全体をよく混ぜて食べる。

〈電子レンジで作れる〉

えびの甘酢あんかけ丼

DON 28

いかにも手のかかりそうな料理ですが、電子レンジで調理OK。かたくり粉がダマにならず、上手に作れます

〈電子レンジで作れる〉

材料（2人分）

- えび（無頭・殻つき）… 150g
- 　酒 … 大さじ1
- たまねぎ … ½個（100g）
- ピーマン … 1個
- しいたけ … 3個
- サラダ油 … 大さじ1

＜甘酢あん＞
- 砂糖 … 大さじ1
- トマトケチャップ・酢・水 … 各大さじ2
- しょうゆ … 大さじ1
- かたくり粉 … 小さじ2

- 温かいごはん … 300g

作り方（調理時間 15分／1人分 448kcal）

1. えびは殻をむき、背わたをとる。大きければひと口大に切り、酒をふる。
2. たまねぎ、ピーマンは2cm角に切る。しいたけは石づきを除いて、4つに切る。
3. 大きめの耐熱容器にたまねぎ、ピーマンを入れ、サラダ油を加えて混ぜる。ラップをしないで、電子レンジで約3分（500W）加熱する。
4. 甘酢あんの材料は合わせる。
5. ③にえび、しいたけ、④を加えて混ぜる。ラップをして、電子レンジで約5分30秒加熱する。ラップをとり、全体をよく混ぜる。
6. 器にごはんを盛り、⑤をのせる。

DON 29 蒸しどりの香味だれ丼

あっさりとしたとりむね肉に、香味野菜たっぷりのたれがマッチします

〈電子レンジで作れる〉

材料（2人分）

とりむね肉 … 1枚（200g）
    塩 … 少々
    酒 … 大さじ2
きゅうり … 1本

〈香味だれ〉
A ┌ ねぎ … 10cm
   ├ にんにく … 1片（10g）
   └ しょうが … 1かけ（10g）
B ┌ 塩 … 小さじ½
   ├ しょうゆ … 小さじ1
   ├ こしょう … 少々
   └ サラダ油 … 大さじ3

温かいごはん … 300g

作り方 （調理時間 15分／1人分 645kcal）

1. とり肉は耐熱皿に入れ、塩少々と酒大さじ2をふる。ラップをし、電子レンジで約5分（500W）加熱する。ラップをしたままあら熱をとり、ひと口大に切る。
2. きゅうりは縦半分に切り、7〜8mm幅の斜め切りにする。
3. Aはみじん切りにし、小さめの耐熱容器に入れる。ラップをして、電子レンジで約20秒加熱する。Bを加えて混ぜる。
4. 器にごはんを盛り、肉ときゅうりをのせて、香味だれをかける。

※ 香味だれは多めに作っておいても。冷奴や温野菜などにかけるとおいしい。冷蔵庫で4〜5日保存可能。

ドライカレー丼

カレーを少量だけ作りたいときは電子レンジが便利。材料も少ないので、食べたいときに食べたいだけ作れます

〈電子レンジで作れる〉

DON 30

材料（2人分）

合いびき肉 … 100g
たまねぎ … 1/2個（100g）
パプリカ（赤）… 1個（150g）
バター … 10g
カレールウ … 2皿分（約40g）
A ┌ ウスターソース … 大さじ1
　└ トマトケチャップ … 大さじ1
サラダ菜（レタスでも）… 2枚

温かいごはん … 300g

作り方（調理時間 15分／1人分 562 kcal）

1. たまねぎ、パプリカは2㎝角に切る。
2. 大きめの耐熱容器に①とバターを入れる。ラップをして、電子レンジで約2分30秒（500W）加熱する。
3. カレールウは包丁できざむ。ひき肉と合わせ、もみこむ。
4. ②に③とAを加え、よく混ぜる（右写真）。ラップをしないで、電子レンジで4〜5分加熱する。全体をほぐすようによく混ぜる。
5. 器にごはんを盛り、サラダ菜を敷いて、④をのせる。

DON 31 マーボーなめこ丼

ポイントはなめこ。元々とろみがついているので、かたくり粉いらず。食物繊維も補えて、一石二鳥です

〈電子レンジで作れる〉

材料（2人分）

とうふ（もめん）…½丁（150g）
なめこ…1袋（100g）
A
- 豚ひき肉…30g
- にんにく…小½片（3g）
- しょうが…小1かけ（5g）
- ねぎ…5cm
- 豆板醤（トウバンジャン）…小さじ½
- サラダ油…小さじ1

B
- 砂糖…小さじ1
- スープの素…小さじ½
- みそ…大さじ½
- しょうゆ…大さじ½
- 水…大さじ2

温かいごはん…300g

作り方（調理時間 15分／1人分 389kcal）

1. とうふは1cm角に切る。ペーパータオルで包んで皿にのせ、電子レンジで約1分（500W）加熱し、水気をきる。なめこはさっと洗う。
2. にんにく、しょうが、ねぎはみじん切りにする。
3. 大きめの耐熱容器にAを合わせ、よく混ぜる。ラップをしないで約2分加熱する。ひき肉をほぐすようにしながら混ぜる。
4. ③にBを加えてよく混ぜる。とうふ、なめこを加えてひと混ぜする。ラップをしないで、2分30秒〜3分加熱する（途中で1度とり出して、ようすを見る。とうふが中まで温かくなっていれば完成）。
5. 器にごはんを盛り、④をのせる。

パパッと作れて、ササッと食べられる！ **ひとり丼**

DON 32 トマト丼

「ごはんに生のトマト？」と驚きますが、これが合うんです。トマトの果汁が、おいしい丼のたれになります

作り方（1人分 354 kcal）

1. トマト（1個・200g）は2cm角に切り、ボールに入れる。塩（小さじ⅙）、しょうゆ（小さじ1）、オリーブ油（大さじ½）を加えて混ぜる。
2. 器に温かいごはん（150g）を盛り、トマトをのせて、あればバジル（乾燥・少々）をふる。

DON 33 とりささみのお茶漬け

最近はお茶漬けといっても、かつおだしを使うことが多いようですが、塩こんぶがあれば、お茶でも充分おいしい

作り方（1人分 288 kcal）

1. とりささみ（½本・20〜30g）は耐熱皿にのせ、酒（小さじ1）、塩（少々）をふる。ラップをして電子レンジで約2分（500W）加熱する。さめたら筋をとって、手で細かくさく。
2. そばスプラウト*（¼パック・5g）は根元を切り落とし、長ければ切る。
3. 器に温かいごはん（150g）を盛り、塩こんぶ（大さじ1）、ささみ、スプラウトをのせて、熱いお茶**（200㎖）をそそぐ。

＊ かいわれだいこんでも。
＊＊ ほうじ茶、緑茶など、お好みで。冷たいお茶でもおいしい。

DON 34 揚げだま丼

市販の揚げだま（天かす）を卵でとじるだけ。
揚げだまからじわじわとうまみが出ます

作り方（1人分 445 kcal）

1. 鍋にめんつゆ（3倍濃縮のもの・大さじ1）と水（大さじ3）を合わせ、ねぎ（10cm・斜め薄切り）を加えて、中火にかける。
2. ねぎがしんなりしたら、揚げだま（15g）を加える。卵（1個）を割りほぐして鍋に回し入れる。ふたをして、半熟になったら火を止める。
3. 器に温かいごはん（150g）を盛り、②をのせる。

DON 35 冷やしうなぎ茶漬け

夏には冷たいお茶漬けがうれしいもの。
ごはんにうなぎのたれをまぶしておくと、味がしまります

作り方（1人分 419 kcal）

1. きゅうり（½本）は小口切りにし、塩（小さじ⅛）をふる。しんなりしたら、水気をしぼる。
2. うなぎのかば焼き（½串・50g）は食べやすい大きさに切る。酒（少々）をふり、ラップをして、電子レンジで約30秒（500W）加熱する。
3. 温かいごはん（150g）に、かば焼きのたれ（小さじ1）を混ぜて、器に盛る。うなぎ、きゅうり、きざみのり・練りわさび（各少々）をのせ、冷たいお茶＊（200mℓ）をそそぐ。

＊ ほうじ茶、緑茶など、お好みで。温かいお茶でもおいしい。

パパッと作れて、ササッと食べられる！ **ひとり丼**

DON 36 ピザ風丼

ごはんに材料をのせて、レンジでチンすればできあがり。
子どものおやつにもどうぞ

作り方（1人分 514 kcal）

1. たまねぎ（20g）、サラミ*（20g）は薄切りにする。ピーマン（½個）は薄い輪切りにする。
2. 温かいごはん（150g）に、塩・こしょう（各少々）、オリーブ油（小さじ½）を混ぜ、器に広げる。
3. ②のごはんにトマトケチャップ（大さじ1）を塗る。たまねぎ、サラミ、ピーマンをのせ、ピザ用チーズ（30g）を散らす。
4. ラップをしないで、電子レンジで約2分（500W）、チーズが溶けるまで加熱する。

*ベーコンやハムでも。

DON 37 じゃこ丼

じゃこをサラダ油の代わりにマヨネーズで炒めるのがコツ。
コクが加わり、いつもとはひと味違うおいしさに

作り方（1人分 378 kcal）

1. しその葉（5枚）はせん切りにし、水にさらして、水気をきる。
2. フライパンにマヨネーズ（大さじ½）を入れ、火にかける。マヨネーズが溶けてきたら、ちりめんじゃこ（20g）を入れて、1分ほど炒める。半量のしそを加えて混ぜ、酒（大さじ½）、しょうゆ（小さじ1）で味をととのえる。
3. 器に温かいごはん（150g）を盛る。②と残りのしそをのせ、いりごま（白・適量）をふる。

DON 38 豚のみそバター丼

みそとバターでこっくり味つけした豚肉と、
シャキシャキのキャベツがよく合います

作り方（1人分 588 kcal）

1. キャベツ（1枚・50～60g）はせん切りにする。豚ロース肉（薄切り・80g）は3cm長さに切る。
2. フライパンにバター（10g）を入れて中火で溶かし、豚肉を炒める。
3. ②にみそ（大さじ1）、水（大さじ1）を加え、混ぜながら肉にからめる。
4. 器に温かいごはん（150g）を盛り、キャベツ、③をのせる。いりごま（白・適量）をふる。

DON 39 焼きしめさば丼

ごはんはすし酢で酢めしにすると、
さばの脂と絶妙にマッチします

作り方（1人分 454 kcal）

1. 温かいごはん（150g）に、すし酢（大さじ1）、いりごま（白・小さじ1）を加えて混ぜる。
2. しその葉（3枚）はせん切りにし、水にさらして、水気をきる。
3. しめさば（市販・50g）は5～6mm厚さのそぎ切りにする。フライパンに油をひかずに軽く温め、しめさばの両面に焼き色をつける。
4. 器に①のごはんを盛り、しめさばをのせ、しそを添える。

パパッと作れて、ササッと食べられる！ **ひとり丼**

DON 40 コンビーフ丼

シャキッとしたせん切りキャベツが、コンビーフのしつこさをやわらげます

作り方（1人分 450 kcal）

1. コンビーフ（1/3缶・約30g）はほぐす。たまねぎ（20g）はみじん切りにする。ボールに合わせ、マヨネーズ（大さじ1）を加えてあえる。
2. キャベツ（1枚・50〜60g）はせん切りにする。
3. 温かいごはん（150g）にキャベツ、①をのせ、マヨネーズ（適量）をかける。黒こしょう（少々）をふる。

DON 41 ほたてと小松菜のあんかけ丼

ほたて缶詰のうま味で、だしいらず。かたくり粉のとろみで、食欲のないときでもつるりと食べられます

作り方（1人分 315 kcal）

1. 小松菜（30g）は3cm長さに切る。
2. 鍋に水（100ml）、中華スープの素（小さじ1/4）、しょうゆ・塩（各少々）、かたくり粉（大さじ1/2）を合わせ、よく混ぜる。ほたて水煮缶詰（40g・汁ごと使う）と小松菜を加えて中火にかけ、混ぜながら煮立てる。小松菜がしんなりしてとろみがついたら、火を止める。
3. 器に温かいごはん（150g）を盛り、②をかける。チューブのおろししょうが（少々）をのせる。

DON 42　深川丼

東京の下町のご当地グルメ。
缶詰のあさりを使って、手軽に作りましょう

作り方（1人分 390 kcal）

1. ねぎ（½本）は5mm幅の斜め切りにする。油揚げ（½枚）は熱湯をかけて油抜きをし、縦半分に切って5mm幅に切る。飾り用のしょうが（小½かけ・3g）は、皮をこそげて、せん切りにする。あさり水煮缶詰（小1缶・40g）は、身と缶汁に分ける。
2. 鍋に水（150mℓ）、あさりの缶汁、酒（小さじ2）、しょうがのしぼり汁（小さじ½）を合わせて中火にかける。煮立ったら、あさりの身、ねぎ、油揚げを加えて1分ほど煮る。みそ（大さじ1）を溶き入れ、すぐに火を止める。
3. 器に温かいごはん（150g）を盛り、②を煮汁ごとかけて、①の飾り用のしょうがをのせる。

DON 43　目玉焼き丼

これぞ究極のシンプル丼。
サラダ油の代わりに、ごま油で目玉焼きを焼いて香ばしく

作り方（1人分 369 kcal）

1. フライパンにごま油（小さじ½）を温め、卵（1個）を割り入れて、半熟の目玉焼きを作る。
2. 器に温かいごはん（150g）を盛り、目玉焼きをのせる。しょうゆ・ごま油（各少々）をかけ、いりごま（黒・適量）をふる。

Column of the DON
丼あれこれ

ごはんはかために炊く

丼のためだけにごはんを炊くなら、少しかための水加減にするとよいでしょう。汁気のある具をのせても、最後までおいしく食べられます。たとえば、米2合（360㎖）の場合、通常約1.2倍の430㎖前後の水で炊きますが、丼用なら1～1.1倍（360～400㎖）がめやすです。

ごはんの盛りすぎに注意！

この本では、ボリュームのある丼のごはんは、1人分200g、それ以外の丼については1人分150gに設定しています。
でも、丼の形や大きさはさまざま。口径の広いものや、深さのあるものだと、300gくらいは平気で盛れてしまいます。ごはんのカロリーはたった50gでも84kcal。これはバナナ1本を軽く超えるカロリーです。盛りすぎには注意しましょう。

ごはんに風味をつける

ごはん自体に、味や風味をつけると、目先が変わります。たとえば、市販のすし酢。混ぜるだけでかんたんにすしめしができます。魚を使った丼（P.22、24、26など、すしめしにしてもおいしい）と相性がいいので、さっぱり食べたい夏場などにおすすめです。ほかにも、パセリのみじん切りとバターを混ぜれば、色鮮やかなバターライスに（P.6）、ごまを混ぜれば香ばしさが増します（P.35）。

思いたったら、すぐ作れる
麺

家族みんなが大好きな麺料理。
休みの日のお昼や、夕飯をサッとすませたいときなど、何かと重宝します。
麺は短時間で火が通るので、時間がないときや、
うっかりごはんを炊き忘れたときにも大活躍。
この本で麺料理のレパートリーを広げましょう。

052　うどん
　　　… 冷凍うどんを使った料理。ゆでうどんなどでも作れる（P.94参照）。

064　パスタ
　　　… パスタを使った料理。大半がふつうの太さのスパゲティ（ゆで時間8〜10分程度のもの）を使っています。

074　そうめん
　　　… そうめんを使った料理。

082　焼きそば
　　　… 焼きそば用の蒸しめんを使った料理。

088　ひとり麺
　　　… 1人分で作る、かんたんな麺料理。

092　インスタントラーメン＋αアレンジ
　　　… ふだん不足しがちな野菜や海藻などを、ちょこっとプラス。

〈うどん〉

MEN 01
サラダうどん

マヨネーズベースのこっくりしたドレッシングが、冷たいうどんに合います。
具はほかにもトマト、レタスなど、生野菜ならなんでもOK

材料（2人分）

卵 … 2個
水菜 … 80g
生ハム … 5〜6枚（50g）
冷凍うどん … 2玉（500g）

＜つゆ＞
水 … 100㎖
めんつゆ（3倍濃縮のもの）… 大さじ2

＜ドレッシング＞
マヨネーズ … 大さじ1
酢 … 大さじ½
塩・こしょう … 各少々
サラダ油 … 大さじ1

作り方（調理時間 15 分／1人分 527 kcal）

1. 卵は好みのかたさにゆで、縦4つに切る。水菜は3〜4㎝長さに切る。生ハムはひと口大に切る。
2. つゆとドレッシングの材料は、それぞれ合わせる。
3. うどんは表示どおりにゆでるか、電子レンジで加熱する。水にとって冷やし、水気をきる。
4. 器にうどんを盛り、つゆをかける。水菜、生ハム、卵をのせる。ドレッシングをかけて、混ぜながら食べる。

〈うどん〉

みそ煮こみうどん

名古屋のご当地グルメ。具だくさんで、大満足のひと品です。みそのコクと砂糖の甘さのきいた、本場の味を召しあがれ。

MEN 02

〈うどん〉

材料（2人分）

とりもも肉 … 150g
ねぎ … 1本
えのきだけ … 1パック（100g）
春菊 … 50g
卵 … 2個
冷凍うどん … 2玉（500g）

〈煮汁〉
A ┌ こんぶ … 10cm
　└ 水 … 600ml
B ┌ 砂糖 … 大さじ½
　│ 赤みそ* … 大さじ3
　└ みりん … 大さじ½

*信州みそなど、好みのみそでも。

作り方 （調理時間 10分〈こんぶをつける時間は除く〉／1人分 581 kcal）

1. 土鍋にAを合わせ、30分ほどおく。
2. ねぎは1cm幅の斜め切りにする。えのきは根元を落とし、長ければ半分に切ってほぐす。春菊は4〜5cm長さに切る。とり肉は2cm角に切る。Bは合わせる。
3. ①の土鍋を中火にかけ、沸騰したら肉を加えて、ふたをする。肉に火が通ったら、うどんを凍ったまま加え、2分ほど煮る。
4. ねぎ、Bを加えて、2分ほど煮る。えのき、春菊を加え、ひと煮立ちしたら卵を割り入れてふたをし、半熟になるまで煮る。

※ ひとり用の土鍋が2個あれば、材料を事前に2等分しておいて、写真のように1人分ずつ作っても。

ごまだれうどん

MEN 03

濃厚な絶品ごまだれを、ツルツルうどんと合わせました。ごまだれは保存がきくので、多めに作ってもよいでしょう。

〈うどん〉

材料（2人分）

牛肉（しゃぶしゃぶ用）… 150g
グリーンリーフ（レタスでも）… 4枚
冷凍うどん … 2玉（500g）
いりごま（白）… 小さじ1

＜ごまだれ＞
砂糖 … 大さじ1
練りごま … 大さじ3
しょうゆ … 大さじ1½
みりん … 大さじ1
水 … 大さじ2

作り方（調理時間 15分／1人分 624kcal）

1. 牛肉は4〜5cm長さに切る。グリーンリーフは食べやすい大きさにちぎる。
2. 鍋にたっぷりの湯を沸かし、牛肉を広げて入れる。色が変わったら、氷水にとって冷やし、水気をきる。
3. ごまだれの材料は合わせる。
4. うどんは表示どおりにゆでるか、電子レンジで加熱する。水にとって冷やし、水気をきって器に盛る。グリーンリーフ、牛肉をのせ、ごまだれをかけて、ごまをふる。

きつねうどん

MEN 04

定番のうどんですが、作り方を知らない方も意外と多いのでは？ めんつゆを使えば、あっという間に作れます

〈うどん〉

材料（2人分）

油揚げ … 2枚
A ┌ 水 … 50㎖
　│ 砂糖 … 大さじ1
　└ めんつゆ（3倍濃縮のもの）… 大さじ2
ねぎ（小口切り）… 10㎝
冷凍うどん … 2玉（500g）

〈つゆ〉
水 … 400㎖
めんつゆ（3倍濃縮のもの）… 60㎖

七味とうがらし … 少々

作り方（調理時間 15分／1人分 423kcal）

1. 油揚げは半分に切る。熱湯で2〜3分ゆで、しっかり油抜きをして、ざるにとる。あら熱がとれたら、水気をしぼる。
2. 鍋にAを合わせ、油揚げを加えて、汁気がなくなるまで中火で煮る。
3. 別の鍋につゆの材料を合わせて温める。
4. うどんは表示どおりにゆでるか、電子レンジで加熱し、水気をきって器に盛る。つゆをかけ、油揚げとねぎをのせる。七味をふる。

アレンジ：たぬきうどん

煮た油揚げの代わりに、揚げだま（天かす）をのせると、「たぬきうどん」になります。ただし、「たぬき」の概念は地域によってさまざま。煮た油揚げをのせたそばのことを指したり、きざんだ油揚げの上にくずあんをかけたものを「たぬき」と呼ぶ地域もあるようです。

men 05

スパム入り焼きうどん

鍋肌から入れたしょうゆの香ばしさが、食欲をそそります。トッピングのけずりかつおと紅しょうがで屋台の味に

〈うどん〉

材料（2人分）

スパム* … 50g
キャベツ … 2枚（約100g）
たまねぎ … 1/4個（50g）
にんじん … 30g
しょうが … 1かけ（10g）
A ┌ 塩 … 小さじ1/8
　└ こしょう … 少々
しょうゆ … 大さじ1
サラダ油 … 大さじ1
冷凍うどん … 2玉（500g）

けずりかつお・紅しょうが … 各少々

*ポークランチョンミートのこと。コンビーフや豚薄切り肉（3cm長さに切る）でも。

作り方（調理時間 15分／1人分 443kcal）

1. キャベツは葉と芯に切り分ける。葉は2〜3cm大にちぎり、芯は斜め薄切りにする。たまねぎは薄切りにする。にんじんは4〜5cm長さのたんざく切りにする。しょうがは皮をこそげて、せん切りにする。スパムは食べやすい大きさに切る。
2. うどんは表示どおりにゆでるか、電子レンジで加熱する。水気をきって、軽くほぐす。
3. フライパンに油を温め、スパムを入れて中火で炒める。脂が出てきたら、キャベツの芯、たまねぎ、にんじん、しょうがを加えて、野菜がしんなりするまで炒める。キャベツの葉を加えてさっと炒め、Aをふる。
4. うどん、水大さじ2（材料外）を加え、うどんをほぐしながら炒める。しょうゆを鍋肌から回し入れ、全体を大きく混ぜる。
5. 器に盛り、けずりかつおをのせて、紅しょうがを添える。

プデチゲ風うどん

プデチゲは韓国の辛い鍋料理。ソーセージなど洋風の素材を加えたり、インスタントラーメンを使うのが特徴ですが、ここではうどんを使いました

〈うどん〉

MEN 06

材料（2人分）

キャベツ … 2〜3枚（150g）
たまねぎ … 1/4個（50g）
はくさいキムチ … 120g
ウィンナーソーセージ … 100g
冷凍うどん … 2玉（500g）

〈煮汁〉
A ┌ 水 … 800㎖
　└ スープの素 … 小さじ2
B ┌ 砂糖 … 大さじ1
　└ しょうゆ … 大さじ2

作り方（調理時間10分／1人分511kcal）

1. キャベツ、たまねぎ、キムチは、2〜3cm角に切る。ソーセージはひと口大に切る。
2. 鍋にAを合わせ、キャベツ、たまねぎ、ソーセージを加えて中火で煮る。野菜がしんなりしたら、うどんを凍ったまま加える。キムチ、Bを加え、2〜3分煮る。

MEN 07

あさりとわかめのぶっかけうどん

あさりとわかめ、2つの磯のうまみが出会いました。あさりは砂抜きずみのものでも、再度砂抜きすると安心です

〈うどん〉

材料（2人分）

あさり（砂抜きずみのもの）… 200g
酒 … 大さじ1
カットわかめ（乾燥）… 大さじ1
ねぎ … 10cm
A ┌ めんつゆ（3倍濃縮のもの）… 大さじ1½
　└ 水 … 100㎖
冷凍うどん … 2玉（500g）

作り方（調理時間 10分（あさりを砂抜きする時間は除く）／1人分 292 kcal）

1. あさりは塩水（水100㎖＋塩小さじ½・材料外）に30分ほどつけ、砂抜きをする。わかめは水に5分ほどつけてもどし、水気をきる。
2. ねぎはせん切りにし、水にさらして水気をきる（白髪ねぎ）。
3. 鍋にあさりと酒を入れ、ふたをして弱めの中火にかける。あさりの殻が開いたら、A、わかめを加え、ひと煮立ちさせる。
4. うどんは表示どおりにゆでるか、電子レンジで加熱し、水気をきって器に入れる。③をかけ、白髪ねぎをのせる。

MEN 08

さば缶の冷やしおろしうどん

「魚が食べたいなあ」と思ったとき、缶詰は本当に便利。さばく必要がない、安い、骨ごと食べられる…と、いいことずくめです

〈うどん〉

材料（2人分）

さば水煮缶詰 … 1缶（200g）
だいこん … 200g
かいわれだいこん … 1パック（40g）
冷凍うどん … 2玉（500g）

〈つゆ〉
水 … 160㎖
めんつゆ（3倍濃縮のもの）… 40㎖

七味とうがらし（またはわさび）… 少々

作り方（調理時間 10分／1人分 497kcal）

1. だいこんはすりおろし、自然に水気をきる。かいわれだいこんは根元を落とし、半分に切る。
2. さば缶詰は汁気をきって、ざっとほぐす。
3. つゆの材料は合わせる（時間があれば、冷蔵庫で冷やしておくとよい）。
4. うどんは表示どおりにゆでるか、電子レンジで加熱する。水にとって冷やし、水気をきって器に盛る。かいわれ、だいこんおろし、さばをのせ、つゆをかけて、七味をふる。

men 09

ルッコラとめんたいこの冷やしうどん

〈うどん〉

うどんはレンジで加熱すれば火を使わないですむので、暑い日におすすめ。
めんたいこは牛乳でのばすと、うどんにまんべんなくからみます

材料（2人分）

ルッコラ … 20g
A ┌ 塩 … 少々
　└ サラダ油 … 少々
ミニトマト … 4個
┌ めんたいこ … 大½腹（60g）
└ 牛乳 … 大さじ2
冷凍うどん … 2玉（500g）

作り方（調理時間 10分／1人分 330kcal）

1. ルッコラは2cm長さに切り、Aとあえる。ミニトマトは5mm厚さの輪切りにする。
2. めんたいこは薄皮から中身を出し、牛乳を加えてのばす。
3. うどんは表示どおりに電子レンジで加熱する。水にとって冷やし、水気をきって器に盛る。
4. うどんにルッコラとミニトマトをのせ、②のめんたいこをかける。全体をよく混ぜて食べる。

もやしのフォー風うどん

ベトナムの麺「フォー」の代わりに、入手しやすいうどんで作ります。エスニック風味ですが、意外とマイルドで万人受けする味です

〈うどん〉

材料（2人分）

もやし … 1袋（200g）
とりむね肉 … 150g
A ┌ ねぎ（緑の部分）… 10㎝
　└ しょうが（薄切り）… 小1かけ（5g）
酒 … 大さじ1
冷凍うどん … 2玉（500g）

〈煮汁〉
水 … 600㎖
中華スープの素 … 大さじ½
ナンプラー … 大さじ1½
砂糖・こしょう … 各少々
赤とうがらし … 1本

〈飾り用〉
レモン（くし形切り）… ¼個
ねぎ（緑の部分）… 5㎝

作り方（調理時間 15分／1人分 453kcal）

1. 耐熱皿にとり肉を入れ、Aをのせて酒をふる。ラップをして電子レンジで約3分（500W）加熱する。あら熱がとれたら、肉を5㎜厚さに切る（蒸し汁はとりおく）。
2. もやしはできればひげ根をとる。とうがらしは縦半分に切り、種をとる。飾り用のねぎは縦半分に切って、斜め薄切りにする。
3. 鍋に煮汁の材料を合わせ、①の蒸し汁を加えて火にかける。沸騰したら、うどんを凍ったまま加え、3分ほど煮る。もやしを加え、ひと煮立ちさせる。
4. 器に③を盛り、肉をのせて、飾り用のねぎをのせる。レモンをしぼって食べる。

MEN 11

あんかけ卵うどん

寒い日にはこれ！　うどんさえあれば、あとは家にあるものばかりです。シンプルな分、だしはけずりかつおとこんぶをたっぷり使ってぜいたくに

〈うどん〉

材料（2人分）

卵 … 1個
万能ねぎ … 1〜2本
冷凍うどん … 2玉（500g）

〈だし〉
水 … 650㎖
こんぶ … 10㎝
けずりかつお … 15g

A
- 砂糖 … 大さじ½
- しょうゆ … 大さじ2
- みりん … 大さじ1½
- 塩 … 小さじ⅓

B
- かたくり粉 … 大さじ1½
- 水 … 大さじ1½

作り方（調理時間 10分〈こんぶをつける時間は除く〉／1人分 377 kcal）

1. 〈だしをとる〉水650㎖にこんぶをつけ、30分ほどおく。弱火にかけ、沸騰直前にこんぶをとり出す。火を強め、沸騰したらけずりかつおを加える。弱火にし、1〜2分煮て、こす。
2. 卵は割りほぐす。万能ねぎは小口切りにする。Bは合わせる。
3. 鍋にだしとAを合わせて中火にかける。沸騰したら卵を糸状に流し入れ、ひと呼吸おいてから、全体をひと混ぜする。Bの水溶きかたくり粉でとろみをつける。
4. うどんは表示どおりにゆでるか、電子レンジで加熱し、水気をきって器に入れる。③をかけ、万能ねぎを散らす。

※ めんつゆでも作れます。
より手軽に作りたいときは、めんつゆを使うとよい。①は省略し、③の〈だしとA〉を〈めんつゆ（3倍濃縮のもの）60㎖＋水550㎖〉にして、同様に作る。

〈パスタ〉

men 12
トマトとパセリのスパゲティ

シンプルなトマトソースは、覚えておくと絶対便利！
スパゲティにパセリをたっぷり混ぜて、見た目も美しく

材料（2人分）

<トマトソース>
たまねぎ … ½個（100g）
にんにく … 1片（10g）
トマト水煮缶詰（カット）… 1缶（400g）
A ┌ ローリエ … 1枚
　│ 白ワイン … 大さじ2
　│ 砂糖 … 小さじ½
　│ 塩 … 小さじ¼
　└ こしょう … 少々
オリーブ油 … 大さじ2

スパゲティ … 160g
┌ 湯 … 1.5ℓ
└ 塩 … 小さじ2強
パセリ … 1枝（10g）

〈パスタ〉

作り方（調理時間 20分／1人分 510kcal）

1. たまねぎ、にんにく、パセリは、それぞれみじん切りにする。
2. フライパンにオリーブ油とにんにくを入れ、弱火で炒める。香りが出てきたらたまねぎを加え、薄く色づくまで炒める。
3. ②にトマト水煮缶詰とAを加え、時々混ぜながら、ふたをして8分ほど煮る。
4. 鍋に分量の湯を沸かして塩小さじ2強を加え、スパゲティを表示どおりにゆでる。水気をきってボールに入れ、オリーブ油少々（材料外）とパセリを加えて混ぜる。
5. 器にスパゲティを盛り、トマトソースをかける。

※ トマトソースには、ベーコン（2枚・1cm幅に切る）、赤とうがらし（1本・小口切り）などを加えてもおいしい。いずれもにんにくと同じタイミングでフライパンに入れて炒める。

〈パスタ〉

men 13
たけのことたらこのクリームパスタ

たらこのプチプチ感が楽しいパスタ。
バジルは単なる飾りではなく、ワンランク上の味になるので、ぜひのせましょう

材料（2人分）

ゆでたけのこ … 100g
たまねぎ … 1/4個（50g）
たらこ … 1/2腹（40g）
バター … 10g
小麦粉 … 大さじ1 1/2
牛乳 … 150㎖
A ┌ 白ワイン … 大さじ2
　└ スープの素 … 小さじ1
生クリーム … 50㎖
バジルの葉 … 1枝

ペンネ … 80g
┌ 湯 … 1ℓ
└ 塩 … 大さじ1/2

〈パスタ〉

作り方（調理時間 20分／1人分 429kcal）

1. たけのこは3～4cm長さの薄切りにする。たまねぎは薄切りにする。たらこは縦半分に切り、さらに1cm幅に切る。
2. 深めのフライパンにバターを溶かし、たまねぎ、たけのこを加えて中火で炒める。たまねぎがしんなりしたら小麦粉を加えて火を弱め、こがさないように1分ほど炒める。
3. 火を止めて牛乳を加え、ムラなく混ぜる。Aを加えて弱めの中火にかけ、混ぜながら2～3分煮て、火を止める。
4. 別の鍋に分量の湯を沸かして塩大さじ1/2を加え、ペンネを表示どおりにゆでる。
5. ③を弱火にかけ、生クリーム、たらこを加えて軽く混ぜる。ペンネを加えて混ぜる。
6. 器に盛り、バジルの葉をちぎってのせる。

マルゲリータ風スパゲティ

定番のピッツァ・マルゲリータをスパゲティにしました。チーズが少し溶けかかったところがおいしい

〈パスタ〉

MEN 14

材料（2人分）

- トマト … 1個（200g）
- にんにく … 1片（10g）
- モッツァレラチーズ … 100g
- バジルの葉 … 10枚
- 塩 … 小さじ¼
- オリーブ油 … 大さじ3
- スパゲティ … 160g
  - 湯 … 1.5ℓ
  - 塩 … 小さじ2強

作り方（調理時間15分／1人分639kcal）

1. トマトは2cm角に切る。にんにくは粗みじんに切る。チーズは約2cm角に切る。バジルは飾り用に少々とりおき、残りは粗くちぎる。
2. 鍋に分量の湯を沸かして塩小さじ2強を加え、スパゲティを表示どおりにゆでる。
3. フライパンにオリーブ油とにんにくを入れ、弱火で炒める。香りが出てきたらトマトを加え、さっと炒める。
4. 続けて③にスパゲティを加えて混ぜ、塩小さじ¼で味をととのえる。チーズとバジルを加え、チーズが少し溶けかかったら、火を止める。
5. 器に盛り、飾り用のバジルを散らす。

men 15

デミートーススパゲティ

デミグラスソースで作るからデミートソース。給食で食べたような懐かしい味です。ふつうのミートソースと比べ、ぐっと短時間で煮あがります

〈パスタ〉

材料（2人分）

- 合いびき肉 … 100g
- たまねぎ … 1/2個（100g）
- にんじん … 30g
- にんにく … 小1片（5g）
- サラダ油 … 小さじ1
- マッシュルーム（缶詰・スライス）… 50g
- A
  - デミグラスソース … 1/2缶（約150g）
  - トマトケチャップ … 大さじ1 1/2
  - 塩 … 小さじ1/8
  - こしょう … 少々
  - 水 … 100mℓ
- スパゲティ … 160g
  - 湯 … 1.5ℓ
  - 塩 … 小さじ2強

作り方（調理時間 20分／1人分 573kcal）

1. たまねぎ、にんじん、にんにくは、それぞれみじん切りにする。
2. 鍋に油とにんにくを入れ、弱火で炒める。香りが出てきたら、たまねぎ、にんじんを加えて、中火で4〜5分炒める。ひき肉を加え、パラパラになるまで炒める。
3. ②にマッシュルームとAを加え、時々混ぜながら3〜4分煮る。
4. 別の鍋に分量の湯を沸かして塩小さじ2強を加え、スパゲティを表示どおりにゆでる。
5. 器にスパゲティを盛り、③のソースをかける。

水菜とベーコンのペペロンチーノ

生では食べられないくらいの、たっぷりの水菜を使います。パスタとからめて、少ししんなりしたくらいが食べごろ。

〈パスタ〉

MEN 16

材料（2人分）

水菜 … 1束（200g）
ベーコン … 2枚（40g）
にんにく … 1片（10g）
赤とうがらし … 1本
オリーブ油 … 大さじ2
A ┌ しょうゆ … 小さじ1
　└ 塩・こしょう … 各少々
スパゲティ … 160g
　┌ 湯 … 1.5ℓ
　└ 塩 … 小さじ2強

作り方（調理時間15分／1人分527kcal）

1. 水菜は4～5cm長さに切る。ベーコンは1cm幅に切る。にんにくはみじん切りにする。とうがらしは種をとり、縦に4つに切る。
2. 鍋に分量の湯を沸かして塩小さじ2強を加え、スパゲティを表示どおりにゆでる（ゆで汁50mlはとりおく）。
3. フライパンに油をひかずにベーコンを入れて中火にかけ、カリカリになるまで炒めて、とり出す。
4. フライパンの脂をペーパータオルでふき、オリーブ油、にんにく、とうがらしを入れて、弱火で炒める。香りが出てきたら、スパゲティ、スパゲティのゆで汁、水菜を加えて混ぜる。
5. ベーコンを戻し入れ、Aで味をととのえる。

men 17

大豆もやしとじゃこのスパゲティ

〈パスタ〉

「スパゲティにもやし!?」と驚きますが、これが不思議と好相性。豆の風味が豊かな、小大豆もやしを使うのがおいしさの秘訣です。

材料（2人分）

- 小大豆もやし … ½袋（100g）
- にんにく … 1片（10g）
- ちりめんじゃこ … 30g
- オリーブ油 … 大さじ2
- 万能ねぎ … 2本
- スパゲティ … 160g
  - 湯 … 1.5ℓ
  - 塩 … 小さじ2強

作り方（調理時間 15分／1人分 497 kcal）

1. もやしはできればひげ根をとる。にんにくはみじん切りにする。万能ねぎは小口切りにする。
2. 鍋に分量の湯を沸かして塩小さじ2強を加え、スパゲティを表示どおりにゆでる。ゆであがる1分前にもやしを加え、一緒にざるにとる（ゆで汁大さじ2はとりおく）。
3. フライパンにオリーブ油、にんにく、ちりめんじゃこを入れ、弱火で炒める。香りが出てきたら、スパゲティ、もやし、スパゲティのゆで汁を加えて混ぜる。塩・こしょう各少々（材料外）で味をととのえる。
4. 器に盛り、万能ねぎをのせる。

さけときのこのスパゲティ

さけの塩気がアンチョビのような役割を果たすので、スパゲティの味がバシッと決まります

MEN 18

〈パスタ〉

材料（2人分）

甘塩さけ … 1切れ（100g）
しめじ … 1パック（100g）
にんにく … 1片（10g）
しその葉 … 10枚
サラダ油 … 大さじ1 ½
A ┃ バター … 20g
　 ┃ しょうゆ … 小さじ1

スパゲティ … 160g
　 ┃ 湯 … 1.5ℓ
　 ┃ 塩 … 小さじ2強

作り方（調理時間 15 分／1人分 562 kcal）

1. しめじは根元を落とし、小房に分ける。にんにくは薄切りにする。しそはせん切りにし、水にさらして、水気をきる。
2. フライパンに油大さじ½を温め、さけを入れて、両面を焼く。あら熱がとれたら、皮と骨を除いて、身を粗くほぐす。
3. 鍋に分量の湯を沸かして塩小さじ2強を加え、スパゲティを表示どおりにゆでる（ゆで汁50㎖はとりおく）。
4. ②のフライパンの汚れをふき、油大さじ1とにんにくを入れて、弱火で炒める。香りが出てきたらしめじを加え、中火でさっと炒める。
5. 続けて、④にスパゲティのゆで汁、さけ、Aを加えて混ぜる。スパゲティを加えて混ぜ、味をみてうすければ、塩・こしょう各少々（材料外）で味をととのえる。器に盛り、しそをのせる。

men 19

たっぷりねぎと焼き豚のスープスパゲティ 〈パスタ〉

牛乳、バター、にんにくを合わせると、まるでラーメンのスープのようなこっくり風味に

材料（2人分）

- 焼き豚 … 4枚（80g）
- 万能ねぎ … ½束（50g）
- にんにく … 小½片（3g）
- バター … 10g
- A
  - 水 … 250㎖
  - 牛乳 … 50㎖
  - 中華スープの素 … 大さじ½
  - しょうゆ … 大さじ½
- スパゲティ … 160g
  - 湯 … 1.5ℓ
  - 塩 … 小さじ2強

作り方（調理時間 15 分／1人分 442 kcal）

1. 万能ねぎは小口切りにする。にんにくはみじん切りにする。
2. 鍋に分量の湯を沸かして塩小さじ2強を加え、スパゲティを表示どおりにゆでる。
3. 深めのフライパンにバターを溶かし、にんにくを入れて弱火で炒める。香りが出てきたらAを加えて、ひと煮立ちさせる。
4. ③にスパゲティを加えて混ぜる。器に盛り、焼き豚、万能ねぎをのせる。

〈そうめん〉

men 20
冷麺風そうめん

焼き肉屋さんでおなじみの冷麺を、そうめんで手軽に作ります。
つゆは冷蔵庫でキーンと冷やしておきましょう

材料（2人分）

とりささみ … 2本（100g）
A ┌ 水 … 300㎖
　├ 酒 … 大さじ1
　└ 中華スープの素 … 小さじ1
B ┌ コチュジャン … 大さじ1
　├ 塩 … 小さじ1/6
　├ しょうゆ … 小さじ1
　├ 酢 … 小さじ1
　└ 砂糖 … 少々

＜具＞
卵 … 1個
きゅうり … 1/2本
りんご … 1/6個（50g）
はくさいキムチ … 50g

そうめん … 150g

作り方（調理時間 15分（つゆを冷やす時間は除く）／1人分 406 kcal）

1. 鍋にAを合わせて火にかける。沸騰したらささみを入れ、3〜4分ゆでる。ささみをとり出し、乾燥しないようにゆで汁少々をかけてさます。筋をとって、手でさく。
2. ざるにペーパータオルを敷き、ボールに①のゆで汁をこし入れる。Bを加えて混ぜ、さめたら冷蔵庫で冷やす。
3. 卵は好みのかたさにゆで、半分に切る。きゅうりは長さを半分にし、縦に薄切りにする（皮むき器で薄くけずっても）。りんごは薄切りにする。キムチはひと口大に切る。
4. そうめんを表示どおりにゆでて、ざるにとる。水で洗って、水気をきる。
5. 器にそうめんを盛り、ささみ、卵、きゅうり、りんご、キムチをのせて、②のつゆをそそぐ。

うなぎとゴーヤのそうめん

夏バテ予防に最適な、うなぎとゴーヤの組み合わせ。うなぎのかば焼きの甘辛味が、ゴーヤのにが味をやわらげます

〈そうめん〉

MEN 21

材料（2人分）

- うなぎ（かば焼き）… 1串（100g）
- 長いも … 100g
- ゴーヤ … 1/2本（120g）
  - 塩 … 小さじ1/6
- みょうが … 2個

〈つゆ〉
- けずりかつお … 8g
- 水 … 200㎖
- みりん … 大さじ1 1/2
- しょうゆ … 大さじ1 1/2

- そうめん … 150g

作り方（調理時間 20分（つゆを冷やす時間は除く）／1人分 483 kcal）

1. 〈つゆを作る〉鍋につゆの材料を合わせ、中火にかける。沸騰したら弱火にし、2分ほど煮て、こす。さめたら冷蔵庫で冷やす。
2. うなぎはラップをし、電子レンジで約1分（500W）加熱する。さめたら2cm幅に切る。
3. 長いもは皮をむき、4～5cm長さの細切りにする。ゴーヤは縦半分に切り、わたと種を除いて薄切りにする。ゴーヤに塩をふって10分ほどおき、水気をしぼる。
4. みょうがは小口切りにし、水にさらして、水気をきる。
5. そうめんを表示どおりにゆでて、ざるにとる。水で洗って、水気をきる。
6. 器にそうめんを盛り、うなぎ、長いも、ゴーヤ、みょうがをのせて、つゆをそそぐ。

men 22

レタスにゅうめん

温かいそうめんも目先が変わっていいものです。
レタスは煮ないで、シャキシャキした食感を残しましょう

〈そうめん〉

材料（2人分）

レタス … 100g
かまぼこ … 4cm（50g）
いりごま（白）… 小さじ½

〈つゆ〉
だし … 600㎖
A ┌ 酒 … 大さじ2
　├ しょうゆ … 大さじ2
　├ みりん … 大さじ1
　└ 塩 … 小さじ⅙

そうめん … 100g

作り方（調理時間 10分／1人分 252 kcal）

1. レタスは細切りにする。かまぼこは6枚に切る。
2. 〈つゆを作る〉鍋にだしを入れて温める。Aを加え、ひと煮立ちしたら火を止める。
3. そうめんを表示どおりにゆでて、ざるにとる。水で洗って、水気をきる。
4. 器にそうめんを盛り、①をのせる。つゆを再度温め、器にそそぐ。ごまを指でひねるようにつぶしながら散らす。

men 23

トマトそうめん

「トマトジュース&和風だし」の新しいおいしさです。ほどよい酸味で、夏の暑い日にぴったり

〈そうめん〉

材料（2人分）

- レタス … 50g
- きゅうり … ½本
- ハム … 4枚

〈つゆ〉
- トマトジュース（食塩無添加）… 190㎖
- A
  - 水 … 100㎖
  - けずりかつお … 3g
  - しょうゆ … 大さじ1
  - みりん … 大さじ1
  - 塩 … 小さじ½
- そうめん … 150g

作り方 （調理時間 10分〈つゆを冷やす時間は除く〉／1人分 387 kcal）

1. 〈つゆを作る〉鍋にAを合わせて火にかける。沸騰したら弱火にし、2分ほど煮て、こす。トマトジュースを加えて、冷蔵庫で冷やす。
2. レタスは細切りにする。きゅうりは斜め薄切りにし、さらに細切りにする。
3. ハムは細切りにし、レタス、きゅうりと合わせる。
4. そうめんを表示どおりにゆでて、ざるにとる。水で洗って、水気をきる。
5. 器にそうめんを盛り、③をのせて、つゆをそそぐ。

men **24**

シャッキリもやしのそうめんチャンプルー

もやしをまるまる1袋、たっぷり使います。シャキシャキした食感が残るよう、強めの火でさっと炒めましょう

〈そうめん〉

材料（2人分）

豚ばら肉（薄切り）… 100g
A ┌ 塩 … 少々
　└ 酒 … 大さじ1
もやし … 1袋（200g）
ごま油 … 小さじ1
塩 … 小さじ¼
黒こしょう … 適量
そうめん … 120g
いりごま（白）… 小さじ1

作り方（調理時間 15分／1人分 446 kcal）

1. 豚肉は3cm長さに切り、Aで下味をつける。
2. もやしはできればひげ根をとる。
3. そうめんを表示どおりにゆでて、ざるにとる。水で洗って、水気をきる。
4. フライパンにごま油を温め、肉を入れて強めの中火で炒める。焼き色がついたら、もやしを加えてさっと炒める。
5. ④にそうめんを加え、ほぐしながら炒めて、塩、黒こしょうで味をととのえる。器に盛り、ごまをふる。

冷汁そうめん

夏に無性に食べたくなる冷汁。ごはんだけでなく、そうめんにも合います。そうめんの水気でうすまってくるので、冷汁は濃いめの味にするのがコツ。

〈そうめん〉

men **25**

材料（2人分）

あじの干物 … 1枚（80g）
A ┌ だし … 200㎖
　├ みそ … 大さじ2
　└ 砂糖 … ひとつまみ
すりごま（白）… 大さじ2
きゅうり … 1本
　塩 … 小さじ¼
みょうが … 2個
そうめん … 150g

作り方（調理時間 20 分（つけ汁を冷やす時間は除く）／1人分 379 kcal）

1. あじはグリルで焼き、皮と骨を除いて、身を細かくほぐす。
2. Aを鍋に合わせてひと煮立ちさせ、あじとすりごまを加えて混ぜる。さめたら、冷蔵庫で冷やす。
3. きゅうりは小口切りにし、塩をふって5分ほどおいて、水気をしぼる。みょうがは小口切りにし、水にさらして、水気をきる。
4. そうめんを表示どおりにゆでて、ざるにとる。水で洗って、水気をきる。
5. ②にきゅうりを加えて混ぜ、器に盛って、みょうがをのせる。そうめんをつけて食べる。

men 26

だいこんの梅そうめん

生のだいこんの歯ごたえを楽しみましょう。ツナをのせると、つゆにコクが加わります

〈そうめん〉

材料（2人分）

だいこん … 200g
かいわれだいこん … 1パック（40g）
ツナ缶詰（オイル漬け）… 小1缶（80g）

〈梅つゆ〉

梅干し … 大2個（40g）
A ┌ 水 … 200㎖
　└ めんつゆ（3倍濃縮のもの）… 50㎖

そうめん … 150g

作り方（調理時間 10分／1人分 399kcal）

1. ＜梅つゆを作る＞梅干しは種を除き、果肉を包丁でたたいて、Aを加えて混ぜる（時間があれば、冷蔵庫で冷やしておくとよい）。
2. だいこんは4〜5cm長さの細切りにする。かいわれだいこんは根元を落とし、長さを半分に切る。
3. そうめんを表示どおりにゆでて、ざるにとる。水で洗って、水気をきる。
4. 器にそうめん、だいこん、かいわれを盛る。ツナをのせ、梅つゆをかける。

〈焼きそば〉

men 27
マーボートマトの焼きそば

マーボー味はおいしいものですが、味が濃いので途中で飽きがち。
トマトなど野菜をたっぷり加えると、最後までおいしく食べられて、栄養バランスも◎

材料（2人分）

豚ひき肉 … 100g
オクラ … 5本
エリンギ … ½パック（50g）
トマト … 1個（200g）
A ┌ ねぎ … 10㎝
　├ にんにく … 小1片（5g）
　└ しょうが … 小1かけ（5g）
豆板醤（トウバンジャン）… 小さじ½
B ┌ 赤みそ … 大さじ1
　├ しょうゆ … 大さじ½
　├ 酒 … 大さじ1
　├ 砂糖 … 小さじ1
　├ スープの素 … 小さじ½
　└ 水 … 100㎖
C ┌ かたくり粉 … 大さじ½
　└ 水 … 大さじ1
焼きそば用蒸しめん … 2玉（340g）
サラダ油 … 大さじ1

作り方（調理時間 25 分／1人分 639 kcal）

1. オクラは1㎝幅の輪切りにする。エリンギは長さを半分に切り、縦に5㎜幅に切る。トマトは8等分のくし形に切る。
2. Aはみじん切りにする。B、Cはそれぞれ合わせる。
3. めん1玉は袋に入れたまま、口を少し開けて、電子レンジで約1分（500W）加熱する。フライパンに油大さじ½を温め、めんをほぐしながら入れる。フライ返しなどで押しつけながら両面に焼き色をつけて、器に盛る。残り1玉も同様に焼く。
4. フライパンに油大さじ1（材料外）とAを入れ、弱火で香りが出るまで炒める。豆板醤とひき肉を加え、強めの中火で肉がパラパラになるまで炒める。
5. ④にオクラとエリンギを加えて軽く炒める。Bとトマトを加えて混ぜ、ひと煮立ちさせる。
6. Cの水溶きかたくり粉でとろみをつけ、③のめんにかける。

〈焼きそば〉

野菜のあんかけ焼きそば

めんを香ばしく焼きつければ、家でもお店の味が作れます。具はあえて野菜のみ。それでも食べごたえは充分です

MEN 28

〈焼きそば〉

材料（2人分）

にんじん … 80g
しいたけ … 4個
ゆでたけのこ … 80g
チンゲンサイ … 小1株（80g）
ねぎ … 15cm
ごま油 … 大さじ1
A ┌ 水 … 300ml
　│ スープの素 … 大さじ½
　│ 酒 … 大さじ2
　│ しょうゆ … 大さじ½
　└ 塩 … 小さじ¼
B ┌ かたくり粉 … 大さじ1½
　└ 水 … 大さじ2
焼きそば用蒸しめん … 2玉（340g）
サラダ油 … 大さじ1

作り方（調理時間 20分／1人分 541 kcal）

1. にんじんは薄い半月切りにする。しいたけは石づきを除いて、薄切りにする。たけのこは4〜5cm長さの薄切りにする。チンゲンサイは4〜5cm長さに切って、葉と茎に分ける。ねぎは斜め薄切りにする。A、Bは、それぞれ合わせる。
2. めん1玉は袋に入れたまま、口を少し開けて、電子レンジで約1分（500W）加熱する。フライパンにサラダ油大さじ½を温め、めんをほぐしながら入れる。フライ返しなどで押しつけながら両面に焼き色をつけて、器に盛る。残り1玉も同様に焼く。
3. フライパンにごま油を温め、にんじん、しいたけ、たけのこ、チンゲンサイの茎、ねぎの順に加えて炒める。
4. 野菜がしんなりしてきたらAを加え、2〜3分煮る。チンゲンサイの葉を加え、Bの水溶きかたくり粉でとろみをつける。②のめんにかける。

men 29

エスニック焼きそば

ソース味に飽きたら、ナンプラーをきかせたエスニック風味が新鮮！桜えびのうまみがたっぷりで、あとをひくおいしさです

〈焼きそば〉

材料（2人分）

もやし … ½袋（100g）
にら … ½束（50g）
にんにく … 1片（10g）
赤とうがらし … 1本
桜えび … 10g
ナンプラー … 大さじ1
塩・こしょう … 各少々
サラダ油 … 大さじ1

焼きそば用蒸しめん … 2玉（340g）

レモン（くし形切り）… 適量

作り方（調理時間 10分／1人分 437 kcal）

1. もやしはできればひげ根をとる。にらは3〜4cm長さに切る。にんにくはみじん切りにする。とうがらしは種をとり、斜めに薄切りにする。
2. めんは袋に入れたまま、口を少し開けて、電子レンジで1〜2分（500W）加熱する。
3. フライパンに油を温め、にんにく、とうがらし、桜えびを入れて、弱めの中火で炒める。
4. 香りが出てきたら、めんを加えて、ほぐしながら炒める。もやし、にらを加えて、さっと炒める。ナンプラーを鍋肌から回し入れ、塩、こしょうで味をととのえる。器に盛り、レモンをしぼって食べる。

油そば

油そばとは、汁なしのラーメンのようなもので、濃いめのたれをからめて食べます。自分で作れば、油の量を控えられるからうれしい

MEN **30**

材料（2人分）

卵 … 1個
豚ばら肉（薄切り）… 100g
ねぎ … 10cm
レタス … 50g
きざみのり … 少々
焼きそば用蒸しめん … 2玉（340g）

<たれ>
しょうゆ … 大さじ1½
ごま油・オイスターソース … 各大さじ1
酢 … 大さじ½
砂糖・スープの素 … 各小さじ¼
ラー油 … 少々

<仕上げ用・好みで>
ラー油・にんにく（すりおろす）・酢 … 各少々

作り方（調理時間 20分／1人分 669 kcal）

1. 卵は好みのかたさにゆで、縦半分に切る。
2. ねぎは小口切りにする。レタスはひと口大にちぎる。豚肉は3cm長さに切る。
3. 小鍋にたれの材料を合わせ、ひと煮立ちさせる。
4. 深めのフライパンにめんと湯50ml（材料外）を入れ、豚肉を広げてのせて、中火にかける。ふたをして、1分ほど蒸し煮にする。ふたをとり、めんをほぐしながら、汁気をとばす。
5. 器にめんを盛り、豚肉、卵、レタス、ねぎ、のりをのせる。たれをかけ、好みでラー油、にんにく、酢を加える。全体をよく混ぜて食べる。

MEN 31 豚つけめん

ここ数年ですっかり市民権を得たつけめんを、焼きそば用めんで手軽に。豚肉のゆで汁も、スープとしてムダなく使います

〈焼きそば〉

材料（2人分）

豚ロース肉（しゃぶしゃぶ用）… 150g

A ┌ ねぎ（緑の部分）… 10cm
　├ しょうが（薄切り）… 小1かけ（5g）
　├ にんにく … 小1片（5g）
　├ 酒 … 大さじ2
　└ 水 … 400ml

キャベツ … 3枚（約150g）
もやし（ひげ根をとる）… ½袋（100g）
万能ねぎ … 4本

〈つゆ〉
練りごま … 大さじ1
豚肉のゆで汁 … 200ml

B ┌ めんつゆ（3倍濃縮のもの）… 80ml
　├ しょうゆ … 大さじ½
　└ 豆板醬（トウバンジャン）… 小さじ¼

焼きそば用蒸しめん* … 2玉（340g）

作り方（調理時間 20分／1人分 642kcal）

1. 鍋にAを合わせて火にかけ、沸騰したら弱火で5分ほど煮る。豚肉を広げて入れ、色が変わったら、氷水にとって冷やし、水気をきる。ざるにペーパータオルを敷き、ボールにゆで汁をこし入れて、200mlをとりおく。
2. ①の鍋を洗って、たっぷりの湯を沸かし、キャベツ、もやしの順にさっとゆでる。キャベツは食べやすい大きさに切る。万能ねぎは4cm長さに切る。
3. <つゆを作る>小鍋に練りごまを入れ、①のゆで汁を少しずつ加えて混ぜる。Bを加えてさらに混ぜ、弱火にかけて温める。
4. めんを熱湯でさっとゆで、水で洗って、水気をきる。
5. 器にめん、豚肉、キャベツ、もやし、ねぎを盛り、つゆをつけて食べる。

*中華めんでも（④のゆで時間は表示に従う）。

パパッと作れて、ササッと食べられる！ **ひとり麺**

men 32　レンジDE卵うどん

最近は電子レンジで調理可の冷凍うどんが増えています。すべて電子レンジで作れる、お手軽うどん

作り方（1人分 347 kcal）

1. カットわかめ（乾燥・小さじ1）は水に5分ほどつけてもどし、水気をきる。
2. 冷凍うどん（1玉・250g）は器に入れる。水（少々）をかけてラップをし、電子レンジで約3分（500W）加熱する。器を傾けて、水気をきる。
3. うどんの真ん中に卵（1個）を割り入れ、卵黄につまようじなどで1か所穴をあける。ラップをし、卵白が少し白くなるまで電子レンジで約1分30秒加熱する。
4. わかめとけずりかつお（少々）をのせ、しょうゆ（適量）をかける。全体をよく混ぜて食べる。

men 33　豆乳うどん

豆乳の風味で、だしを使わなくても充分おいしい。仕上げの黒こしょうで、味をピリリと引き締めます

作り方（1人分 400 kcal）

1. はくさい（½枚・50g）は1cm幅に切る。かにかまぼこ（3本）は手で細かくさく。
2. 鍋に水（100ml）とはくさいを入れて中火で煮る。はくさいがしんなりしたら豆乳（100ml）を加えて弱火にする。
3. みそ（大さじ1½）を溶き入れ、かにかまぼこを加えて、火を止める。
4. 冷凍うどん（1玉・250g）は表示どおりにゆでるか、電子レンジで加熱し、水気をきって器に入れる。③をかけて、黒こしょう（少々）をふる。

men 34　ねぎと油揚げのうどん

定番ですが、いちばんほっとできる味。
油揚げはフライパンでカリッと焼いて、香ばしく

作り方（1人分 371 kcal）

1. フライパンに油をひかずに油揚げ（½枚）を入れ、中火で両面をこんがりと焼く。1cm角に切る。万能ねぎ（2本）は小口切りにする。
2. あいたフライパンに水（300㎖）とめんつゆ（3倍濃縮のもの・50㎖）を合わせ、温めておく。
3. 冷凍うどん（1玉・250g）は表示どおりにゆでるか、電子レンジで加熱し、水気をきる。②に加えて火にかけ、温まったら器に入れる。油揚げと万能ねぎをのせる。

men 35　シンプルカレーうどん

ごくごくシンプルな材料で仕上げるカレーうどん。
カレールウでとろみがつくので、かたくり粉はいりません

作り方（1人分 438 kcal）

1. たまねぎ（¼個・50g）は1cm幅に切る。ちくわ（小1本・20～30g）は、4～5mm幅の輪切りにする。
2. 鍋に水（300㎖）、めんつゆ（3倍濃縮のもの・大さじ1½）、①を合わせ、さっと煮る。カレールウ（1皿分・20g）を加え、溶けてとろみがついたら火を止める。
3. 冷凍うどん（1玉・250g）は表示どおりにゆでるか、電子レンジで加熱し、水気をきって器に入れる。②をかけ、好みで七味とうがらし（少々）をふる。

パパッと作れて、ササッと食べられる！ **ひとり麺**

men 36　スープスパゲティ

スープで直接スパゲティを煮るから、手間いらず。
たっぷり野菜で、少量のスパゲティでもおなかいっぱいに

作り方（1人分 320 kcal）

1. キャベツ（1枚・50～60g）は2cm角、たまねぎ（¼個・50g）とベーコン（1枚）は、1cm角に切る。にんにく（少々）は薄切りにする。
2. 深めのフライパンにオリーブ油（小さじ1）を温め、にんにくを加えて弱火で炒める。香りが出てきたら、キャベツ、たまねぎ、ベーコンを加えて中火でさっと炒め、湯（350㎖）、スープの素（小さじ1）を加える。煮立ったらスパゲティ（40g）を半分に折って加え、表示の時間をめやすに煮る。
3. 火からおろす1分ほど前にミニトマト（5個）を加え、塩・こしょう（各少々）で味をととのえる。

men 37　納豆おろしパスタ

ねばりのある納豆を、だいこんおろしでさっぱりと。
コクがほしいときは、仕上げに卵黄を落とすとよいでしょう

作り方（1人分 425 kcal）

1. 鍋に湯（1ℓ）を沸かし、塩（大さじ½）を加えて、スパゲティ（80g）を表示どおりにゆでる。
2. だいこん（100g）はすりおろし、自然に水気をきる。かいわれだいこん（10g）は根元を落とし、長さを半分に切る。
3. ねぎ（5cm）はみじん切りにし、納豆（1パック・50g）、納豆の付属のたれ（なければ、しょうゆ少々）を加えて混ぜる。
4. スパゲティの水気をきって器に盛り、だいこんおろし、③をのせて、かいわれを散らす（味がうすければ、しょうゆ適量をたらす）。

men 38 コーンクリームパスタ

クリームタイプのコーン缶は、スパゲティにも使えます。
缶詰とは思えないほど、コクのあるソースに

作り方 (1人分 550 kcal)

1. グリーンアスパラガス(2本)は根元を少し切り落とし、3cm長さに切って、縦半分に切る。たまねぎ(30g)は薄切りにする。ベーコン(1枚・20g)は5mm幅に切る。
2. 深めのフライパンにバター(5g)を溶かし、ベーコン、たまねぎを中火で炒める。たまねぎがしんなりしたら、コーン缶詰(クリームタイプ・60g)、牛乳(80ml)を加えて温める。
3. 鍋に湯(1ℓ)を沸かし、塩(大さじ½)を加えて、スパゲティ(80g)を表示どおりにゆでる。ゆであがる1分30秒ほど前にアスパラを加え、一緒にざるにとる。
4. ②にスパゲティとアスパラを加えて混ぜ、塩・黒こしょう(各少々)で味をととのえる。

men 39 さけフレークのパスタ

三つ葉の香りで、さけフレーク独特のくせが消えます。
好みで練りわさびやゆずこしょうを混ぜてもいいでしょう

作り方 (1人分 412 kcal)

1. 鍋に湯(1ℓ)を沸かし、塩(大さじ½)を加えて、スパゲティ(80g)を表示どおりにゆでる。
2. 三つ葉(30g)は2cm長さに切る。大きめのボールにさけフレーク(10g)、しょうゆ(小さじ1)、バター(10g)を入れる。
3. スパゲティの水気をきり、②のボールに加えてあえる。バターが溶けたら三つ葉を加えてさっと混ぜ、味をみて塩(少々)を加える。

インスタントラーメン +α アレンジ

インスタントラーメンは手軽ですが、どうしても栄養が偏りがち。
そこで、ふだん不足しがちな野菜や海藻などを、ちょこっとプラスしましょう。
味わいや食感が変わって、いつものラーメンも新鮮に感じます。

＊材料はすべて1人分。麺をゆでた湯を、そのままスープにも使うタイプのラーメンを使用しています。

＋チーズ&のり

> チーズとのりの意外な組み合わせ。どちらも食べる直前にスープにのせましょう

＊しょうゆ味、塩味が合う。

1 のり（1枚）は、大きめにちぎる。
2 インスタントラーメン（1食分）は表示どおりに作り、器に盛る。のりを散らし、スライスチーズ（1枚・溶けるタイプ）をのせる。

＋とろろ

> とろろのとろみが加わることで、スープが麺によくからみます。また、スープの塩気が適度にうすまり、やさしい味に

＊しょうゆ味、みそ味が合う。

1 長いも（100g）はすりおろす。
2 インスタントラーメン（1食分）は表示どおりに作り、器に盛る。長いもをのせ、青のり（少々）をふる。

＋切り干しだいこん

> 切り干しだいこんは食物繊維が豊富。もどさず、めんと一緒に煮るだけです。めんのかさ増しにもなるので、満足度がアップ！

＊しょうゆ味、みそ味が合う。

1 切り干しだいこん（15g）は水で洗って、水気をしぼる。食べやすい長さに切る。
2 鍋にインスタントラーメン（1食分）の表示の分量より100mℓ多い湯を鍋に入れて、切り干しだいこんを加える。火にかけて3分ほどゆでたあと、麺を加えて表示どおりにゆで、付属のスープを加える。
3 器に盛り、七味とうがらし（少々）をふる。

＋トマト

> 生のトマトが、1個ペロリと食べられます。ごま油風味とケチャップ風味、2種類を紹介しますので、お好みのほうを

＊しょうゆ味、塩味が合う。

1 トマト（1個・200g）は2cm角に切り、ごま油（小さじ1）、またはトマトケチャップ（大さじ2）をまぶす。
2 インスタントラーメン（1食分）は表示どおりに作り、器に盛る。①をのせる。
※ トマトにごま油をまぶすと、ラーメンとの味のなじみがよくなる。ケチャップをまぶすと、スープもほんのりトマト味になり、違った趣になる。

～ ＋豆乳

豆乳のコクで、スープがまろやかに。豆乳は沸騰させると分離するので注意しましょう

＊しょうゆ、みそ、塩、何味でも合う。

1. 小松菜（50ｇ）は３～４㎝長さに切る。
2. 鍋にインスタントラーメン（１食分）の表示の分量より100㎖少ない湯を入れて沸騰させる。麺を入れ、2分ほどゆでたら小松菜を加える。表示の時間のやや手前までゆでたら豆乳（200㎖）を加え、沸騰寸前に火を止め、付属のスープを加える。
3. 器に盛り、コーン缶詰（30ｇ）をのせる。

～ ＋もずく酢

もずく酢の酸味がきいています。ラー油もプラスすると、サンラータン風に

＊しょうゆ味が合う。

1. にんじん（20ｇ）、ねぎ（5㎝）は細切りにする。卵（1個）は割りほぐす。
2. インスタントラーメン（１食分）は、麺と一緒ににんじんとねぎを加えて、表示どおりにゆでる。火からおろす直前に、卵を糸状に流し入れ、卵がふわっとしたら火を止め、付属のスープを加える。
3. 器に盛り、味つきもずく（１パック・約50ｇ）をのせ、ラー油（少々）をかける。

～ ＋ねぎ＆しょうが

体を温める食材の最強タッグ。風邪のひきはじめに、おすすめです

＊しょうゆ、みそ、塩、何味でも合う。

1. ねぎ（1本）は斜め薄切りにする。しょうが（大1かけ・15ｇ）は皮をこそげて、すりおろす。
2. インスタントラーメン（１食分）は表示どおりに作り、火からおろす直前にねぎを加えて、ひと混ぜする。
3. 器に盛り、しょうがをのせる。

～ ＋たっぷり野菜

野菜は家にあるものでOK。さっと炒めると、かさが減って、たっぷり食べられます。

＊しょうゆ、みそ、塩、何味でも合う。

1. 好みの野菜（キャベツ、にんじん、もやしなど。計200～250ｇ）を用意し、食べやすい大きさに切るなどの下ごしらえをする。フライパンにサラダ油（小さじ1）を温め、野菜をさっと炒める。塩・こしょう（各少々）で味をととのえる。
2. インスタントラーメン（１食分）は表示どおりに作り、器に盛る。①をのせる。

Column of the MEN
麺をおいしく食べる

うどん

この本ではすべて、冷凍うどん（1人分＝1玉＝約250gのもの）を使っています。ゆで時間が短いうえ、少々時間がたってもしっかりコシが残ります。電子レンジでの調理が可能な商品もありますが、できれば湯でゆでるほうが、おいしく仕上がります。ゆであがったら一度水にとり、表面のぬめりを洗うと、ツルツル・シコシコのうどんになります。
ゆでうどんを使うときの分量は、冷凍うどんと同じ。一度さっとゆでるか、水にくぐらせてから使います。乾燥うどんを使うときは1人分100g、生うどんを使うときは1人分140gがめやすです。

スパゲティ

スパゲティは、必ずレシピどおりの湯と塩でゆでましょう。塩が少なすぎると、味がぼけるうえ、スパゲティ独特のコシも出にくくなります。
ソースや具とあえるときは、スパゲティがのびないよう手早く行います。温かい料理の場合は、表示の1分ほど前に湯から引き上げてもよいでしょう。
この本のレシピでは、もっとも効率よく作れるタイミングでスパゲティをゆで始めていますが、慣れないうちはソースと具をすべて仕上げておいてからゆで始めたほうが確実です。

そうめん

表示のゆで時間は、冷たくして食べることが前提の場合が多いので、温かい料理の場合は、表示よりやや手前で湯から引き上げましょう。うどんと同様、ゆであがったら一度水にとり、表面のぬめりを洗うのがコツ。

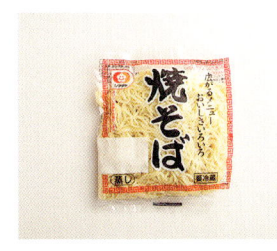

焼きそば用蒸しめん

袋の口を少し開けて、袋ごと電子レンジに入れ、1袋につき1分ほど（500W）加熱すると、ほぐしやすくなります。

丼・麺のときの
献立

丼や麺は、すぐにできて、すぐに食べられる手軽さが魅力。
この本では、なるべく野菜を使うようにしていますが、
中には炭水化物や脂質ばかりが多く、栄養バランスが偏りがちな料理も。
副菜や汁ものを上手に組み合わせることで、
栄養バランスをととのえましょう。

096　丼・麺のときの献立例
　…献立作りの参考に。「1日にとりたい量」については、「日本人の食事摂取基準（2010年版）、
　　30〜40代女性」を参考にしています。

104　丼・麺に合わせたい副菜とスープ
　…ほとんどが5〜10分で完成。覚えておくと重宝です。

〈丼・麺のときの献立例〉

KONDATE 01

女性に不足しがちな鉄分が補える献立

カレー牛丼（P.20）＋ひじきのわさび酢あえ＋レタスのみそ汁

カレー牛丼だけを食べるのと比べて…

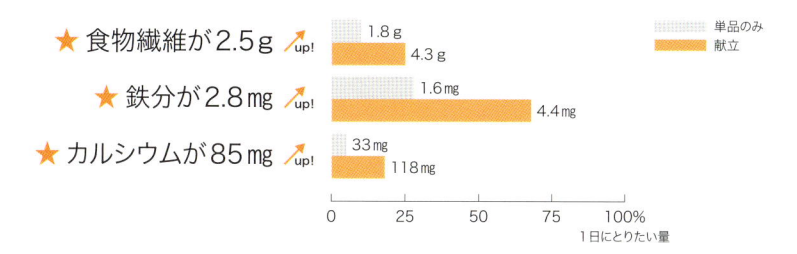

★ 食物繊維が2.5g up!　1.8g / 4.3g
★ 鉄分が2.8mg up!　1.6mg / 4.4mg
★ カルシウムが85mg up!　33mg / 118mg

　　　　　単品のみ
　　　　　献立

0　25　50　75　100%
　　　　　　　1日にとりたい量

FUKUSAI
ひじきのわさび酢あえ

鉄分やカルシウム、食物繊維が豊富なひじきは、
バランスよい献立のための強い味方です

材料（2人分）

芽ひじき（乾燥）… 8g
かまぼこ（ちくわでも）… 50g
A ┌ 練りわさび … 小さじ1/3
　│ 酢 … 小さじ2
　│ しょうゆ … 小さじ1 1/2
　└ サラダ油 … 小さじ1

作り方（調理時間 5 分（ひじきをもどす時間は除く）／1人分 53 kcal）

1. ひじきは洗い、たっぷりの水に15分ほどつけてもどす。熱湯で1分ほどゆでて、水気をきって、あら熱をとる。
2. かまぼこは1cm幅、3mm厚さに切る。
3. ボールにAを合わせ、①と②を加えてあえる（冷蔵庫に30分ほどおいて味をなじませると、よりおいしい）。

SOUP
レタスのみそ汁

生で食べるイメージの強いレタスですが、加熱しても美味。
鍋に入れたら、煮すぎないのがポイントです

材料（2人分）

レタス … 50g
万能ねぎ … 2本
だし … 300ml
みそ … 大さじ1

作り方（調理時間 5 分／1人分 24 kcal）

1. レタスは1cm幅に切る。万能ねぎは2〜3cm長さに切る。
2. 鍋にだしを温め、①を加えてさっと煮る。みそを溶き入れ、火を止める。

〈丼・麺のときの献立例〉

KONDATE 02

ビタミンAたっぷりの美肌献立

カルボナーラ丼（P.25）＋にんじんのにんにく炒め＋キャベツとコーンのスープ

カルボナーラ丼だけを食べるのと比べて…

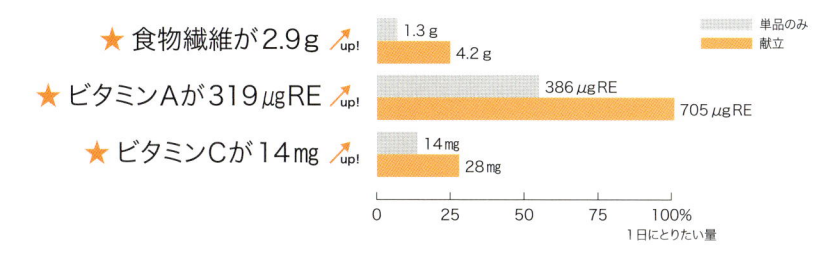

- ★ 食物繊維が 2.9g up!　1.3g／4.2g
- ★ ビタミンAが 319μgRE up!　386μgRE／705μgRE
- ★ ビタミンCが 14mg up!　14mg／28mg

（■単品のみ　■献立　0〜100% 1日にとりたい量）

FUKUSAI
にんじんのにんにく炒め

にんじんの甘味と、にんにくの風味が絶妙に合う。
オレンジ色がきれいなので、これひと品で華やかになります

材料（2人分）

にんじん … 1/2本（100g）
にんにく（みじん切り）… 小1片（5g）
A ┌ 塩 … 少々
　└ 水 … 大さじ2
オリーブ油 … 小さじ1

作り方（調理時間 5分／1人分 39kcal）

1. にんじんは2〜3mm厚さのたんざく切りにする。
2. フライパンにオリーブ油を温め、にんにくを弱火で炒める。香りが出てきたら、にんじん、Aを加え、汁気がなくなるまで炒める。

SOUP
キャベツとコーンのスープ

どんなメインにも合う、やさしい味のスープ。
にんじんやたまねぎなどを加えてもよいでしょう

材料（2人分）

キャベツ … 1枚（50〜60g）
コーン缶詰（ホール）… 70g
A ┌ 水 … 400ml
　└ スープの素 … 小さじ1
塩・こしょう … 各少々

作り方（調理時間 5分／1人分 39kcal）

1. キャベツは1cm角に切る。
2. 鍋にAを入れて火にかけ、煮立ったらキャベツとコーンを加えて5分ほど煮る。
3. 味をみて、塩、こしょうで味をととのえる。

〈丼・麺のときの献立例〉

〈丼・麺のときの献立例〉

KONDATE 03

子どももよろこぶ元気献立

デミートソーススパゲティ（P.69）＋大豆とアボカドのマヨあえ＋トマトのスープ

デミートソーススパゲティだけを食べるのと比べて…

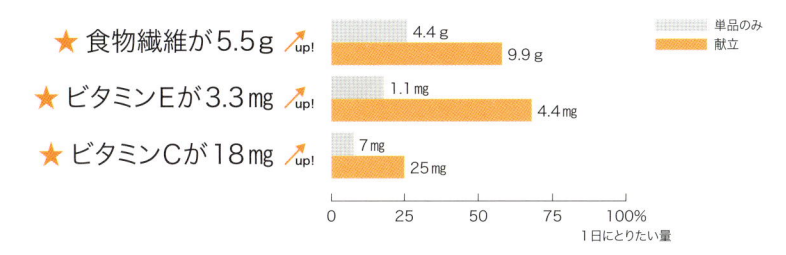

★ 食物繊維が5.5g up!　4.4g／9.9g
★ ビタミンEが3.3mg up!　1.1mg／4.4mg
★ ビタミンCが18mg up!　7mg／25mg

　　　　　　　　0　25　50　75　100%
　　　　　　　　　　1日にとりたい量

単品のみ／献立

FUKUSAI
大豆とアボカドのマヨあえ

食物繊維が豊富な豆類は、意識して毎日とりたいもの。
アボカドはビタミンEが豊富で、美肌にきくといわれています

材料（2人分）

アボカド … ½個（100g）
大豆（水煮缶詰）… 60g
A ┌ マヨネーズ … 大さじ2
　│ しょうゆ … 小さじ1
　└ レモン汁 … 小さじ½

作り方（調理時間 5分／1人分 191 kcal）

1. アボカドは種と皮を除き、1.5cm角に切る。
2. ボールにAを合わせ、アボカドと大豆をあえる。

SOUP
トマトのスープ

強い抗酸化成分を含むトマトを1個使いきります。
トマトの酸味がほどよく加わり、さっぱり味のスープに

材料（2人分）

トマト … 小1個（150g）
しめじ … ½パック（50g）
オリーブ油 … 小さじ1
A ┌ 水 … 300㎖
　└ スープの素 … 小さじ1
塩・こしょう … 各少々

作り方（調理時間 5分／1人分 41 kcal）

1. しめじは根元を落とし、小房に分ける。トマトは8等分のくし形に切る。
2. 鍋にオリーブ油を温め、①を入れてさっと炒める。
3. ②にAを加え、ひと煮立ちしたら、塩、こしょうで味をととのえる。

〈丼・麺のときの献立例〉

〈丼・麺のときの献立例〉

KONDATE 04

不足しがちな栄養素がバランスよく補える献立

シャッキリもやしのそうめんチャンプルー（P.79）＋トマトのあえもの＋にらのスープ

シャッキリもやしのそうめんチャンプルーだけを食べるのと比べて…

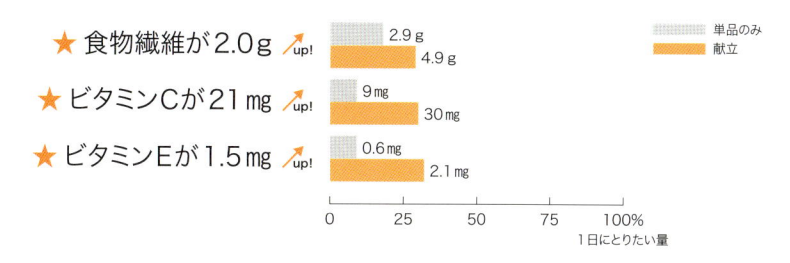

★ 食物繊維が2.0g up!　2.9g / 4.9g
★ ビタミンCが21mg up!　9mg / 30mg
★ ビタミンEが1.5mg up!　0.6mg / 2.1mg

0　25　50　75　100%
1日にとりたい量

単品のみ／献立

FUKUSAI
トマトのあえもの

トマト自体の甘さをいかす、シンプルな味つけ。
油を使っていないので、ドレッシングをかけて食べるより、
ぐっとカロリーダウンに

材料（2人分）

トマト … 1個（200g）
たまねぎ … ¼個（50g）
　塩 … 小さじ⅛
A「酢 … 大さじ½
　└塩 … 小さじ⅛

作り方（調理時間5分／1人分28kcal）

1. たまねぎは薄切りにし、塩小さじ⅛をもみこんで5分ほどおく。
2. トマトは2cm角に切る。たまねぎを水でさっと洗い、水気をしぼる。
3. ボールにAを合わせ、②をあえる（冷蔵庫に30分ほどおいて味をなじませると、よりおいしい）。

SOUP
にらのスープ

にらは下ごしらえがラク、加熱時間が短い…と、
いいことずくめの食材です。
さらに、ビタミン類がたっぷりで、栄養面でも優等生

材料（2人分）

にら … ½束（50g）
A「水 … 400ml
　└中華スープの素 … 小さじ1
塩 … 少々
しょうゆ … 小さじ1
ごま油 … 小さじ1

作り方（調理時間5分／1人分28kcal）

1. にらは4cm長さに切る。
2. 鍋にごま油を温め、にらをさっと炒めて、Aを加える。煮立ったら塩、しょうゆで味をととのえる。

〈丼・麺のときの献立例〉

わかめがあれば、不足しがちな海藻が手軽に補えます。
乾燥わかめは保存もきくので、常備しておくと重宝です

FUKUSAI 01　わかめとしょうがのあえもの

材料（2人分）

カットわかめ（乾燥）… 大さじ2
しょうが … 小1かけ（5g）
A ┌ しょうゆ … 小さじ1弱
　└ ごま油 … 小さじ½

作り方（調理時間 7分／1人分 15kcal）

1　わかめは水に5分ほどつけてもどし、水気をきる。
2　しょうがは皮をこそげて、せん切りにする。
3　ボールにわかめとしょうがを合わせ、Aを加えてあえる。

〈丼・麺に合わせたい副菜〉

つきこんにゃくなら、細切りにしなくていいからかんたん。
冷蔵庫で3〜4日保存できます

FUKUSAI 02　つきこんのきんぴら

材料（2人分）

つきこんにゃく＊ … 1袋（200g）
サラダ油 … 小さじ1
A ┌ 水 … 大さじ2
　│ 酒・みりん・しょうゆ … 各大さじ1
　└ けずりかつお（パック）… 小½袋（2g）
一味（または七味）とうがらし … 少々

＊糸こんにゃくでも。

作り方（調理時間 15分／1人分 51kcal）

1　こんにゃくは約5cm長さに切り、熱湯でさっとゆでて、アク抜きをする。
2　鍋に油を温め、こんにゃくを強めの中火で1分ほど炒める。Aを加え、汁気がなくなるまで炒め煮にする。
3　器に盛り、とうがらしをふる。

FUKUSAI 03　ブロッコリーのからしあえ

材料（2人分）

ブロッコリー … 150g
A ┌ 練りがらし … 小さじ½
　└ しょうゆ … 大さじ½

作り方（調理時間 5 分／1人分 29 kcal）

1. ブロッコリーは小房に分け、茎は皮をむいて食べやすい大きさに切る。熱湯で1〜2分ゆで、水気をきる。
2. ボールにAを合わせ、ブロッコリーをあえる。

ブロッコリーは、ビタミンA、C、E、食物繊維が豊富。
副菜に加えれば、それだけで
献立のバランスはぐんとよくなります

FUKUSAI 04　れんこんピクルス

材料（2人分）

れんこん* … 150g
A ┌ 砂糖 … 大さじ2
　│ 酢 … 大さじ3
　│ 水 … 大さじ3
　│ 塩 … 小さじ½
　└ こしょう … 少々

*きゅうり、かぶ、パプリカ、セロリ、にんじんなどでもおいしい。また、複数の野菜を組み合わせて使っても。それぞれ食べやすい大きさに切り、色の薄いものから順にゆでる。

作り方（調理時間 5 分（味をなじませる時間は除く）／1人分 74 kcal）

1. れんこんは約8mm厚さのいちょう切りにする。熱湯でさっとゆで、水気をきる。
2. 小鍋にAを合わせ、ひと煮立ちさせる。
3. れんこんと②を合わせ、30分以上おく（清潔な密閉容器に入れ、冷蔵庫で約1週間保存可能）。

れんこんはビタミンCと食物繊維が豊富。
れんこん独特のシャキシャキとした歯ごたえを楽しみます

〈丼・麺に合わせたい副菜〉

FUKUSAI 05
ほうれんそうのとろろこんぶあえ

材料（2人分）

ほうれんそう … 100g
とろろこんぶ … 2g
A ┌ しょうゆ … 小さじ1
  └ 湯 … 40㎖

作り方（調理時間 7分／1人分 12 kcal）

1. ほうれんそうは熱湯でゆで、水にとって、水気をしぼる。3cm長さに切る。
2. とろろこんぶをちぎってボールに入れて、Aを加えて混ぜ、ほうれんそうをあえる。

ほうれんそうのような色の濃い野菜を、
毎日必ず食べましょう。
いつものおひたしが、とろろこんぶでうまみ豊かになります

FUKUSAI 06 もずくと長いものあえもの

材料（2人分）

長いも … 100g
味つきもずく … 1パック（70g）
しょうが（すりおろす）… 小1かけ（5g）

作り方（調理時間 5分／1人分 37 kcal）

1. 長いもは皮をむき、細切りにする。
2. もずくを汁ごとボールに入れ、長いもを加えて混ぜる。器に盛り、しょうがをのせる。

市販の味つきもずくは、そのままでも食べられて
便利ですが、味がやや濃い場合が多いので、
ほかの材料をたすとちょうどよくなります

〈丼・麺に合わせたい副菜〉

3分でできる、超スピードおかず。
カロテンやカルシウムが補えて、栄養面でも秀逸です

FUKUSAI 07
かいわれとじゃこのごま油あえ

材料（2人分）

かいわれだいこん … 1パック（40g）
ちりめんじゃこ … 10g
A ┌ ごま油 … 小さじ1
　└ しょうゆ … 少々

作り方（調理時間 3分／1人分 40kcal）

1 かいわれだいこんは根元を落とし、食べやすい長さに切る。
2 ボールにかいわれとじゃこを合わせ、Aを加えてあえる。

牛丼屋さんでも、浅漬けは必ずメニューに載っています。
ポリ袋に材料を入れて、もみこむだけ！

FUKUSAI 08　キャベツとみょうがの浅漬け

材料（2人分）

キャベツ … 2枚（約100g）
みょうが … 1個
A ┌ 塩 … 小さじ¼
　└ 酒 … 小さじ½
ポリ袋 … 1袋

作り方（調理時間 5分（漬ける時間は除く）／1人分 12kcal）

1 キャベツは2cm角に切る。みょうがは薄切りにし、水にさらして、水気をきる。
2 ポリ袋にキャベツとみょうがを入れ、Aを加えて、袋の上から軽くもむ。空気を抜いて袋の口をしばり、30分以上おく（それ以上おくときは冷蔵庫に）。
3 水気を軽くしぼって、器に盛る。

〈丼・麺に合わせたい副菜〉

具はとうふだけのシンプルなスープ。
おろしにんにくを加えることで、いつもと違う味わいに

SOUP 01　とうふとにんにくのスープ

材料（2人分）

とうふ（絹）… ½丁（150g）
にんにく（すりおろす）* … 小1片（5g）
A ┌ 水 … 400㎖
　└ スープの素 … 大さじ½

*チューブのおろしにんにく（3g・3〜4㎝）でも。

作り方（調理時間 5 分／1人分 50 kcal）

1. とうふは1㎝角に切る。
2. 鍋にAを合わせて火にかける。煮立ったらとうふを加え、とうふが温まるまで煮る。
3. にんにくを加えて、火を止める。

とろとろに煮えたかぶがおいしい。
あえて粗めにつぶすのがコツです

SOUP 02　かぶのミルクスープ

材料（2人分）

かぶ … 2個（200g）　　牛乳 … 200㎖
かぶの葉 … 少々　　　塩 … 小さじ¼
バター … 10g　　　　こしょう … 少々
A ┌ 水 … 150㎖
　└ スープの素 … 小さじ½

作り方（調理時間 15 分／1人分 129 kcal）

1. かぶは皮をむき、薄切りにする。かぶの葉はみじん切りにする。
2. 鍋にバターを溶かし、かぶを入れて、中火で炒める。油がまわったらAを加えてふたをし、煮立ったら弱火にする。10分ほど煮て、火を止める。
3. かぶを木べらなどで粗くつぶし、牛乳を加えて再び火にかける。温まったら、塩、こしょうで味をととのえる。
4. 器に盛り、かぶの葉をのせる。

〈丼・麺に合わせたいスープ〉

具はねぎだけですが、鍋で焼きつけることで、
香ばしく、奥深い味になります

SOUP 03　焼きねぎのスープ

材料（2人分）

ねぎ … 1本
A ┌ 水 … 300㎖
　├ スープの素 … 小さじ1
　└ 酒 … 大さじ½
サラダ油 … 小さじ½
塩・こしょう … 各少々

作り方（調理時間 7分／1人分 23kcal）

1　ねぎは3㎝長さに切る。
2　鍋に油を温め、ねぎを加えて、時々返しながら焼き色をつける。
3　②にAを加え、ふたをして5分ほど煮る。塩、こしょうで味をととのえる。

メインにボリュームがないときは、
こっくりしたポタージュを添えるとバランス◎。
じゃがいもはおたまでつぶすので、ミキサーいらずです

SOUP 04　じゃがいもの豆乳ポタージュ

材料（2人分）

じゃがいも … 1個（150g）
バター … 10g
A ┌ 水 … 200㎖
　└ スープの素 … 小さじ1
B ┌ 豆乳* … 200㎖
　└ 塩 … 小さじ¼
黒こしょう … 少々
*牛乳でも。

作り方（調理時間 15分／1人分 142kcal）

1　じゃがいもは皮をむき、1㎝厚さのいちょう切りにする。
2　鍋にバターを溶かし、じゃがいもを中火で炒める。油がまわったらAを加え、ふたをして10分ほど煮る。
3　じゃがいもがやわらかくなったら火を止め、じゃがいもをおたまの底でつぶす（粒が多少残ってもよい）。
4　③にBを加えて弱火にかけ、温まったら火を止める（沸騰させてしまうと、豆乳が分離するので注意する）。器に盛り、黒こしょうをふる。

胃にすっと入っていくようなやさしい味。
味の濃いものが多い、丼ものとの相性は抜群です

SOUP 05　だいこんおろしのスープ

材料（2人分）

だいこん … 200g
だいこんの葉（あれば・みじん切り）… 少々
A ┌ 水 … 400ml
　└ スープの素 … 大さじ½
B［かたくり粉小さじ½＋水小さじ1］

作り方（調理時間 10 分／1人分 25 kcal）

1. だいこんはすりおろす。Bは合わせる。
2. 鍋にAを合わせて火にかけ、煮立ったらBの水溶きかたくり粉でとろみをつける。だいこんおろしを加えてさっと煮て、塩・こしょう各少々（材料外）で味をととのえる。
3. 器に盛り、だいこんの葉をのせる。

半端に余りがちなセロリは、
スープにして使いきるとよいでしょう

SOUP 06　ハムとセロリのスープ

材料（2人分）

セロリ … 30g
ハム … 2枚
A ┌ 水 … 400ml
　└ スープの素 … 大さじ½
塩・こしょう … 各少々

作り方（調理時間 10 分／1人分 46 kcal）

1. セロリは筋をとって細切りにする。ハムもセロリと同じくらいの太さに切る。
2. 鍋にAを合わせて火にかけ、煮立ったら、①を加えて、1～2分煮る。
3. 塩、こしょうで味をととのえる。

〈丼・麺に合わせたいスープ〉

たまねぎの甘さをいかしたシンプルなみそ汁。
からしでピリッとアクセントを添えます

SOUP 07　たまねぎとからしのみそ汁

材料（2人分）

たまねぎ … 1/2個（100g）
だし … 300㎖
みそ … 大さじ1
練りがらし … 少々

作り方（調理時間 5分／1人分 41kcal）

1. たまねぎは薄切りにする。
2. 鍋にだしとたまねぎを入れて火にかけ、煮立ったら2〜3分煮る。みそを溶き入れ、火を止める。
3. 椀に盛り、からしを浮かべる。

不足しがちなカルシウムが補えるみそ汁。
ベーコンとチーズのコクで、子どももよろこびます

SOUP 08　小松菜とチーズのみそ汁

材料（2人分）

小松菜 … 50g
ベーコン … 1枚（20g）
スライスチーズ … 2枚
だし … 300㎖
みそ … 大さじ1

作り方（調理時間 5分／1人分 124kcal）

1. 小松菜は3〜4㎝長さに切る。ベーコンは5㎜幅に切る。
2. 鍋にだしを温め、①を加えてさっと煮る。みそを溶き入れ、火を止める。
3. 椀に盛り、チーズをちぎって加える。

〈丼・麺に合わせたいスープ〉

すぐに役立ち、一生使える
ベターホームのお料理教室

ベターホームは1963年に発足。「心豊かな質の高い暮らし」を目指し、日本の家庭料理や暮らしの知恵を、生活者の視点から伝えています。活動の中心である「ベターホームのお料理教室」は全国18か所で開催。毎日の食事作りに役立つ調理の知識や知恵、健康に暮らすための知識などをわかりやすく教えています。

丼&麺
どん と めん

料理研究　ベターホーム協会（片山満寿美　山﨑利恵子）
撮影　柿崎真子
スタイリング　久保田朋子
アートディレクション＆デザイン　新井 崇（cash g.d.）

初版発行　2012年9月1日
2刷　　　2012年10月1日

発行　ベターホーム出版局
発売　ベターホーム協会

〒150-8363
渋谷区渋谷1-15-12
＜編集＞Tel.03-3407-0471
＜出版営業＞Tel.03-3407-4871
http://www.betterhome.jp

ISBN978-4-904544-25-9
乱丁・落丁はお取り替えします。本書の無断転載を禁じます。
Ⓒ The Better Home Association, 2012, Printed in Japan